張小娴

小说精选集

面包树上的女人

北京出版社出版集团
北京十月文艺出版社

《张小娴小说精选集》总序

二〇〇七年三月，我的博客《小娴部落》（www.amymagazine.com/amyblog/siuhan）正式启动，是我目前唯一的一个博客，开在我在香港办的*Amy*杂志的网站上。网络的无远弗届，这一回，我是深切体会到了。过去的一年，除了香港之外，内地和海外的读者都纷纷涌进我的博客来。

最让我震撼和感动的，是内地的读者。他们有近至深圳、广州和上海，也有远至北京、四川和云南，还有在国外留学和定居的。他们不但每天在我的博客留言，为了支持我，更在Amy网站上开博，甚至把他们在别的网站的博客关掉，搬过来Amy。他们也自发组成了书迷会，去年十二月相约来香港跟我见面。

这些年来，我跟内地读者接触的机会不多。我生于香港，人们都说香港是一个人与人之间很疏离和冷漠的城市。是的，这里的人不容易说“我爱你”，不会对陌生人很热情，脚步也总是很匆忙。但是，我在博客里接触到的内地读者都是活泼热情，可爱体贴，聪明机智也感性的。他们会每天跟我说“我爱你”，“我好爱你”这些话，又给我“亲亲和抱抱”。他们总是愿意为我停下脚步，关心我前一晚睡得好不好，关心我的身体，为我抱不平，帮我去骂那些冒我名字抄袭我文章的假博客和买卖盗版书的人。他们毫无条件地支持我。是这样的爱融化了我，使得我在过去的一年可以毫不羞涩地在我的博客里说了我这辈子最多的“我爱你”。

他们对我小小的抱怨，就是我的书在内地出版的速度太慢了，还有就是我为什么不常常到内地去。只要我来，他们都愿意陪我四处玩。我粗略做过一下统计，假如我接受每一个邀请，我应该可以在全中国游玩一年，大部分的城市都会有读者陪伴我。

出书的速度我无话可说。我不是机器，没法每个月或者每星期写一本新书，我也不会为了市场需要而写书。我只写我想写的故事。我有很多故事想写，也还有两本书的续集没写出来，一直被出版社和读者追问我什么时候会有，那就是《吸血盟》和《月夜宝石》续集。被追书的感觉一点也不好，欠书债就跟欠情债一样地内疚。我真心希望这一年能够完成续集，不用再被大家追债。

这一次，北京十月文艺出版社为我出版一套六本的《张小娴小说精选集》，收录了我十六本小说，它们是：《面包树上的女人》（收录《面包树上的女人》《面包树出走了》）、《三个 A CUP 的女人》（收录《三个 A CUP 的女人》《再见野鼬鼠》）、《荷包里的单人床》（收录《荷包里的单人床》《三月里的幸福饼》《雪地里的蜗牛奄列》）、《蝴蝶过期居留》（收录《那年的梦想》《蝴蝶过期居留》《魔法蛋糕店》）、《我们都是丑小鸭》（收录《我们都是丑小鸭》《刻骨的爱人》《流波上的舞》）、《情人无泪》（收录《卖海豚的女孩》《离别曲》《情人无泪》）。

这些都是我这些年比较喜欢的作品，应该可以一慰大家的“相思之苦”。未来的一年，我会有更多时间回到内地工作，找写书的题材和灵感。我希望可以游走中国每一个城市，也让这些城市的风光和故事在我心里游走。

張小娴

二〇〇八年四月二十二日

出发到杭州前夕，写于香港家中

面包树上的女人

目 录

第一章 | 那些少年的岁月

一九八六年，我们保中女子中学的排球队一行八人，由教练老文康率领，到泰国集训。我在芭堤雅第一次看到面包树，树高三十多米，会开出雄花和雌花。雌花的形状像一颗圆形的纽扣，它会渐渐长大，最后长成像人头一样的大小，外表粗糙，里面塞满了像生面包一样的果肉。将这种果实烤来吃，味道跟烤面包非常相似。那个时候，我没有想过，我是一个既想要面包，也想要爱情的女人。

一九八六年，我读中七。我和朱迪之、沈光蕙是在中二那年加入排球队的，我们被球队那套红白间条制服迷死了！而且五十岁的老文康教练在学校非常有势力，他喜欢挑选样貌娟好的女孩加入排球队。当时能够成为排球队队员，是一份荣誉。

跟我们同时加入球队的，有韦丽丽、乐姬、宋小绵、叶青荷和刘欣平。韦丽丽是一个例外——她长得不漂亮，健硕黝黑，头发干硬浓密鬈曲，活脱脱像一块茶饼。中二那年她已经身高五英尺七英寸，后来更增到五英尺十一英寸，她那两条腿，粗壮得像两只象拔。她是天生的球员，老文康找不到拒绝她的理由。

乐姬是校花。她的确美得令人目眩，尤其穿起排球裤，那两条粉雕玉琢的美腿，真叫人妒忌！也许因此，她对人很冷漠。

我叫程韵。

在保中七年，我们没有见过什么好男人。连最需要体力的排球队教练，都已经五十岁，其他男教师，更是不堪入目。

朱迪之比我早熟。她喜欢学校泳池新来的救生员邓初发，他有八块腹肌和一身古铜色皮肤，二十岁，听说从南丫岛出来。

为了亲近他，迪之天天放学后都拉着我陪她去游泳。

为了吸引邓初发的注意力，迪之买了一件非常暴露的泳衣。穿上那件泳衣，会让人看到乳沟——如果主人胸部丰满的话。可惜，读中二的迪之，才十四岁，还未发育，穿上那件泳衣后，我只看到她胸前的一排肋骨。那个时候，我们几个女孩都是平胸的，除了韦丽丽。她发育得早，身高五英尺七英寸，曲线也比较突出，她又不戴胸围，打球的时候，一双乳房晃动得很厉害。我猜想她不大喜欢自己的乳房，所以常常驼背。我和迪之、光蕙、小绵、青荷、欣平私底下讨论过一次，我们不希望乳房太大，那会妨碍我们打球。

到了冬天，学校泳池暂时关闭，邓初发放寒假。我不用再陪迪之在乍暖还寒的十月底游泳，暗暗叫好。迪之虽然有点失落，却很快复原。少女的暗恋，可以是很漫长的。

那个冬天，发生了一件大事。宋小绵在上英文课时，第一次月经来了。她把浅蓝色的校服弄得一片血红，尴尬得大哭起来。她们说，她第一次就来这么多，有点不正常。第一次通常只来很少量。这件事很快传开，小绵尴尬得两天没有上学。

"我希望我的月经不要那么快来。每个月有几天都要在两腿之间夹着一块东西，很麻烦！"我说。

"听说月经来了，就开始发育。"迪之倒是渴望这一天，一旦发育，她便名正言顺恋爱。

终于，来了！

迪之在上历史课的时候，发觉自己的第一次月事来了，乍惊还喜地告诉我。当天正是星期三，放学后要到排球队练习，迪之到总务处借了卫生巾，又大又厚，非常不自在。我暗里庆幸自己的麻烦还没有到，怎知道在更衣室沐浴时，我的第一次月事也来了。

“程韵来月经啦！”迪之在更衣室里高呼。我难堪死了！迪之常常说，我们是在同一天成为女人的。也许因为这个缘故，后来我们曾经误解对方，也能够和好如初。

我和迪之住在同一条街，父母都不大理我们。月事第一次来的晚上，我们一起去买生平第一包卫生巾。那时是一九八一年，超级市场不及现在普遍，买卫生巾要到药房。药房里都是男人，有些女人很大方地叫出卫生巾的品牌，但我鼓不起勇气向一个男人要卫生巾，迪之也是。那天晚上，我们在药房附近徘徊了两个多小时，药房差不多要关门了，我们才硬着头皮进去买卫生巾。由于“飘然”卫生巾的电视广告卖得最多，我们选了“飘然”。后来，又轮到沈光蕙。到暑假前，青荷、欣平、乐姬都有月事了。这时，韦丽丽才告诉我们：“我小学六年级已来了！”

我们目瞪口呆，小学六年级就来？真是难以想象！

听说现在的女孩子，六年级来月经并不稀奇。有些女孩十二岁已经有性生活。我们十四岁才有月经的这一代，也许因此比她们保守，仍然执迷于与爱并存的性。

后来，我和迪之都有勇气自己去买卫生巾了。许多许多年后，迪之还可以叫男朋友去替她买卫生巾。但，我不会。我看不起肯替我买卫生巾的男人。

朱迪之说得对，女孩子的第一次月事来了，身体便开始发育。

每次练习结束后，我们躲在体育馆的更衣室里，讨论大家的发育情况。

“我将来一定是平胸的，我妈妈也是平胸的。”小绵有点无奈。

“我喜欢平胸！平胸有性格，穿衣服好看。”青荷说。

青荷是富家女，住在跑马地，父亲是建筑商。她的家有两层高，单单是那个平台，也比我们的体育馆大。她是家中幺女，两个姐姐在美国读书，父母最疼她。我们参观过她的衣柜，衣服多得不得了，全是连卡佛的（是一九八一年的连卡佛）。如果拥有这几个衣柜的衣服，我也愿意平胸。

“平胸有什么好？”沈光蕙揶揄她。

光蕙对青荷一直有点妒忌。青荷家里的女佣每天中午由司机驾着酒红色的平治送午饭来给她，我和迪之常常老实不客气要吃青荷的午餐，只有光蕙从来不吃。

刘欣平家里也有女佣，但气派就不及青荷了。欣平的母亲余惠珠是学校的中文老师，父亲是政府医院的医生，家住天后庙道。

那时候，我不知道，我们虽然是好同学，却有很大的距离。光蕙不喜欢青荷，也许是她对这种距离，比我敏感。数年前，有一个男人追求她，人不错，她就是不喜欢。后来我才知道，他住在屯门。对她来说，嫁去屯门太不光彩，最低限度，也要嫁入跑马地。

宋小绵长得比较瘦小，八百多度近视，除了打排球时显得非常勇猛，其余时间都很斯文。

她父母在港岛西营盘经营一家云吞面店。

小绵的父母都很沉默，尤其她母亲，是个骨子很干净的女人。

她很会为儿女安排生活和朋友。我看得出她最喜欢小绵跟青荷和欣平来往，她很想把自己的女儿推向上层社会。

韦丽丽住在铜锣湾，我上过她的家许多次。一次，她母亲刚好回来，我简直不相信那是她的母亲。韦丽丽的母亲长得年轻漂亮，衣着摩登，她有一头浓密的曲发，丽丽的头发也是遗传自她，但丽丽的像一块茶饼，她却像芭比娃娃。她和丽丽同样拥有高挑身段，笑容灿烂迷人。

我从来没有见过丽丽的父亲。怎么说呢？她的家，当时是连一点男人的痕迹都没有的。没有父母亲合照，没有全家福，没有男人拖鞋。浴室里，也没有属于男人的东西。

夏天来了，泳池开放，邓初发也回来了。朱迪之再次穿起那件性感的泳衣，已经不单是露出一排肋骨，而是露出深陷的乳沟。

我不明白迪之为什么会看上邓初发，他不过泳术很出色而已，而且据说是两届渡海泳冠军。

“他的蝶泳游得很好。”迪之说。

“喜欢一个男人，就因为他的蝶泳游得好吗？”我惊叹。

“就是这么简单，爱情何需太复杂呢？”迪之说。

“我认为爱情应该是一件很复杂的事。”我说。

“程韵，你将来要爱上什么男人？”迪之问我。

“我不知道，总之不是一个只是蝶泳游得好的男人，也不是去参加渡海泳，跟垃圾和粪便一起游泳的傻瓜。”

“说起渡海泳，我知道邓初发打算参加下个月举行的渡海泳。”迪之说，“我准备跟他一起参加，这是一个接近他的好机会。”

“二十五米你都力有不逮，还说渡海泳？”

“我已经决定了！我们一起参加。”

“我才不要！要渡海，我不会坐渡海小轮吗？”

“那我自己去！”

朱迪之果然说服邓初发带她去参加渡海泳。

比赛在浅水湾举行，真的有许多傻瓜参加。迪之跟在邓初发后面，不时向我们招手，还借故拉着邓初发的手。

比赛开始，邓初发首先带出，迪之努力地前进，我们高声为她打气。想不到迪之为了一个男人，可以置生死于度外。海里的人太多，大家又戴着同一款式的泳帽，很快便不见了迪之的踪影。海里突然有人呼救，救生艇上的救生员立即跳下水里救起一个女孩子，好像是迪之。

被救起来的女孩子真是迪之，她不是遇溺，而是给一只大水母炸伤了整个臀部。她被救生员送上岸时，伏在担架床上，痛苦地哭叫。

邓初发仍在海里。迪之被送去医院，医生替她涂了药膏，说没有大碍。她要伏在病床上跟我们说话。

“你这次真的是为爱情牺牲。”我说。

“邓初发也不见得喜欢你，我看你别再一相情愿了。”光蕙劝她。

“我的屁股会不会有疤痕？”她忧心。

“邓初发不会介意吧？”我揶揄她。

“朱迪之，你没事吧？”邓初发捧着奖杯冲入病房，他看来很着急。

"我伤得很重。"迪之装出一副痛苦的表情，没想到她演技精湛。

"我来背你。"邓初发把奖杯交给迪之。

"你拿了冠军？"迪之问他。

邓初发点头："送给你。"

迪之伏在邓初发背上，温柔地说："谢谢你。"

迪之和邓初发就这样相恋，二十一岁的邓初发，原来也是初恋，恋爱在保中女中，是一项禁忌。训导主任王燕是一个脸上有胡子的中年女人，三十六岁还未嫁，她对中学生谈恋爱，深恶痛绝。每天放学的时候，她会站在学校大门监视，不准男孩子来接女生放学。

如果她知道邓初发和保中的女生谈恋爱，一定毫不犹豫立即把他辞退，并肯定会在早会时向全校公告这件事，痛心疾首、义正词严地告诉我们，恋爱是洪水猛兽。再以她个人为例，她就是一直放弃许多恋爱机会，才有今天的成就。我们一直怀疑，这些机会是否确曾出现。

这件事也不能让教练老文康知道，他一直细心挑选学校里最出色的女生加入排球队。她们样貌娟好，成绩中上，玉洁冰清，如果有一个队员，十四岁开始谈恋爱，而且是跟学校泳池的年轻救生员恋爱，他肯定会大发雷霆。保中女排，是他的。

我一直也觉得，迪之不像保中女生，她完全不是那种气质的人。保中女生忠心、勤奋、合群、听话、任由摆布，是很好的追随者，决不是领导人。迪之有主见，不甘被摆布，也不肯追随。当然，我也不像保中学生，我不合群，也不肯乖乖听话。老文康曾说："程韵，我真不知道将来有什么工作适合你！"

后来，我才知道，是恋爱。

邓初发把迪之霸占了，从前是我和迪之、光蕙三人行，如今只剩下我和光蕙两个人。一个海滩或一个泳池，才有一个救生员，她一个人便等于一个海滩。

我不是看不起邓初发，只是我常常觉得，一个男人，选择去做救生员，是否比较懒惰呢？

“他不过暂时做救生员。”迪之说，“他最大的理想是成为香港游泳代表队的一员，参加奥运。”

“参加奥运？他二十一岁，是不是老了一点？”我说。

我不是故意瞧不起邓初发，那时，我也不可能理解，一个男人总会为自己的不济找出许多借口，我只是觉得，他霸占了我的迪之，所以不喜欢他。

几个月后的一天，迪之兴高采烈地跑来告诉我：“邓初发不做救生员了！”

邓初发有一个朋友在湾仔开了一家体育用品公司，找他到店里帮忙。

“好呀！以后买运动鞋有半价。”我说。

暑假后，邓初发离开保中。我们买运动衣和运动鞋，果然也有半价优惠。星期日不用上课，迪之会到店里帮忙，俨然是老板娘。

那时，我以为她会一直跟邓初发在一起，他们看来很幸福。后来，我才知道，迪之不是一个想安定的女人，幸福不是她追求的目标，也许当时连她自己都不知道。

中五和预科的那一批球员，相继因为升学离开，老文康决定集中训练我们。当然，我们也知道，老文康的所谓训练，不会十分严格，他自己都五十三岁，才没有那么多精力训练我们。集中训练的意思，是学期结束前，在我们当中挑选两位正、副队长。

能当上保中女排队长，自然成为学校的风头人物。

我们这批人之中，以韦丽丽的球技最好，但韦丽丽肯定不会被选为队长，因为她长得不漂亮。

剩下来的，只有我、迪之、光蕙、青荷、乐姬。乐姬的技术，在这两年间进步了很多，而且她长得这么漂亮，我们都担心她会当选。她这种女人，一旦让她做了皇后，她便会排除异己。最想当选的，是光蕙，她时常希望能用一些事情证明自己，尤其向叶青荷证明。

那一年，中国女排拿了世界杯女排冠军，香港掀起一片女排热。我们都各有偶像，韦丽丽的偶像是郎平。我和迪之、光蕙的偶像是周晓兰，她是最漂亮的一个。那时，我已经明白，作为一个女人，你最好很出色，或者很漂亮。

中五这个学期开始后的第一次排球队练习，老文康向大家宣布他已决定由沈光蕙和我出任正、副队长。迪之、小绵、青荷、欣平、丽丽都热烈鼓掌，我注意到乐姬眼里充满妒意。她认为自己这么漂亮，不应该失去任何东西。

老文康选光蕙的原因，我很明白。光蕙的球技不是最好，也不是最差。她这个人比较有组织能力，比较理智。但，我猜想最重要的，是老文康喜欢光蕙这种类型的女孩子。她并非很漂亮，却是娴淑的小家碧玉，脸蛋圆嘟嘟，腰肢也浑圆，像个听话的小媳妇。

老文康的小儿子和我们差不多年纪，他常常想找个小媳妇。

我们常常这样取笑光蕙。光蕙也喜欢老文康，她最崇拜他。

至于我，我不崇拜老文康，也不听话。老文康选我，是某种程度的修理。

会考到了，我们应付得很轻松，还可以每星期回去练习一次排球。

放榜那天，成绩最好的，是青荷，她拿了七个A，我也有四个A。老文康请我们吃了一顿潮州菜作奖励，那时，我觉得他很疼我们。直至中七，我才发现他并非我想象那样。

预科第二年上学期的一个下午，我本来约好光蕙一起去找老文康商谈订做排球队制服的事，我临时不见了光蕙，唯有先去找老文康。我敲门敲了很久也没有人应门，我以为他不在，掉头走了一段路，回头竟看见光蕙从他的房间走出来。光蕙和我在走廊上看见对方，她没有跟我说话，从另一边离开。我把这件事告诉迪之。

"你是说教练他……不会吧！他都五十五岁了！而且，他那么正直。"迪之说。

"我也这样想，也许光蕙有心事要向老文康倾诉吧！她一向崇拜他。"我说。

这件事我并没有放在心上，光蕙也若无其事地跟我们一起玩。一个月后的一天晚上，我们相约在湾仔一间酒吧喝咖啡，光蕙也来了。

"老文康喜欢我。"光蕙告诉我们。

"我知道！他很疼你。"我说。

"不！不是这样。他……他喜欢我，我也喜欢他，但不是男女之情那么世俗，是爱情，是一种升华了的爱情，他爱我，我也爱他。”光蕙甜蜜地说。

我和迪之都吓呆了。

“你跟老文康搞师生恋？”我有点难以置信。

“可以这样说。”光蕙说。

“但老文康已经五十五岁了，你……你才十九岁，他比你大三十六年！他可以当你的爷爷！”迪之说。

“年龄不是问题。”光蕙说。

“你怎知道他爱你？”我说。

光蕙说：“你们要发誓不告诉别人。他吻了我。那天，在他的办公室里，他说，我不久便要离开保中了，他想吻我一下，我点头，我以为他会吻我的额头，但他吻我的嘴唇，接着，他吻我的胸部。”

“什么？你和他做这种事？”迪之吃惊地望着光蕙。

“什么这种事，我们没有做过什么。”光蕙说。

“还说没有什么？你们接吻！”我说。

“你们接着又怎样？”迪之问她。

“他脱去我的校服，抱着我很久。”光蕙说。

我真的很吃惊，那时的我，天真地以为男女之情就只是手牵手那么单纯。

“迪之，我想问你，一个男人是不是喜欢一个女人才会吻她的？”光蕙问迪之。

“应该是的。但，光蕙，你和老文康是不正常的。我真是不敢相信，他会跟你做这种事，你是他的学生呀！他最小的儿子年纪也比你大。”

光蕙说："迪之，爱不是这样的，我不计较他的年龄和背景，我觉得我和他之间，像父亲和女儿，他吻我，也是像父亲吻女儿。"

"父亲怎会吻女儿的胸部！"迪之说。

"所以我和他的爱情，像父女，也像男女。"

"怪不得那天我看见你从他的房间走出来。"我说。

"你们要发誓，不告诉任何一个人。"光蕙说。

当时的我，也不知道那是不是爱情。迪之会比我清楚，她和邓初发一起五年了，光蕙把事情说出来，是想听听迪之的看法。

那一夜，我们喝咖啡直到凌晨，光蕙比蜜糖还要甜，她觉得自己正在开始一场惊天动地的恋爱。

当老文康再次在我们面前，义正词严、痛心疾首地批评如今的学生不懂得尊师重道，我有点鄙视他，由他来说"尊师重道"？

我和迪之的看法一致，老文康和光蕙之间，绝对不是什么父女之爱、师生之恋，而是男女之情。

一天，我和迪之一起下课，迪之对我说："我问过邓初发，他说一个男人吻一个女孩子的胸部，绝对不会没有企图。"

"什么？你把事情告诉邓初发？你答应过光蕙不告诉任何人的。"

"怕什么！邓初发又不是外人，况且他也不会告诉任何人。"

"那你该告诉光蕙，别再跟老文康继续下去。"

"程韵，你到底懂不懂？一个女人决定要爱一个男人的话，谁也没法拦住她！"迪之说。

"这就是爱情？"我说。

"直到目前为止，我比你了解爱情。"

是的，那时的我，凭什么跟迪之争论爱情呢？她有五年恋爱经验，而我，什么都没有。对于爱情，我只有幻想，而且因为看小说看得多，以为爱情都是玉洁冰清的。

“对于男女之间的事，直至目前为止，我也比你清楚。”迪之接着说。她脸上露出一种骄傲的神色，示意我不必跟她争辩。

这却令我狐疑：“什么男女之间的事？你跟邓初发……”

迪之尴尬地回答我：“没什么，别乱猜！”

很惭愧，那时的我，以为男人和女人恋爱，是不会跑到床上去的。我在当时也告诉自己，光蕙的想法也许是对的，她和老文康的爱情，超脱、浪漫而痛苦。一个垂暮之年的男人，爱上一个如花朵盛开的少女，是一个悲伤故事。世上并非只得一种爱情。

迪之跟邓初发是一对令人艳羡的小情侣，而光蕙和老文康的秘密，不为人知，剩下我，可以全心全意应付大学试。大学试结束以后，我们便可能各散东西。光蕙最不舍得老文康，因为这个缘故，她向大家提议举行最后一次集训。

青荷、丽丽、小绵、欣平都赞成，连一向漠不关心的乐姬也同意。

地点选了邻近的泰国芭堤雅，因为旅费比较廉宜，又是热带地方，有点艰苦训练的味道。集训当然不能缺少老文康。除了青荷和欣平已经去过美国迪士尼乐园，我们其他人都是第一次出门，家人都来送机，我又看到丽丽漂亮的母亲。光蕙的家人没有来，我想是她叫他们不要来，她不想他们看到老文康。但，老文康的妻子来了。

老文康的妻子穿了一套朴实的洋装，薄施脂粉，可是，站在我们之中，她显得太老了，即使她比老文康年轻，也已经五十多了。那时，我觉得老真是罪恶。现在，我觉得，认为老是罪恶，才真是罪恶。

老文康的妻子，外表贤良淑德，可是，我留意到她的目光闪烁不定，她不断打量我们八个女孩子，她花了较多时间留意乐姬，乐姬是最漂亮的。她并没有把光蕙放在眼里。妻子是最聪敏的，她了解她丈夫，了解老男人可能受不住少女的诱惑。但，妻子也是最愚昧的，她错认了目标。

飞机抵达芭堤雅，我们住在一座拥有海滩的酒店，开始为期七天的集训。我和迪之同住一个房间。

集训的第二天晚上，光蕙拿着一瓶白葡萄酒来到我和迪之的房间。

“我想去老文康的房间找他。”

“你找他有话说吗？”迪之问她。

“我快要离开他了，我要把我最珍贵的东西送给他。”

“你想和他睡？”迪之骇然。

我吓了一跳。

“我不会后悔的，这就是爱情。”光蕙笑着说。

“你跟他睡了又怎样？他已婚，比你大三十六年，他不会跟你结婚的，你别傻。”迪之说。

“我不需要有将来。”光蕙拿起三只酒杯，倒上三杯酒，要我们为她的爱情举杯，真是一件荒谬的事。

“如果是朋友，该让我做我想做的事！”

“好！我跟你干杯！”迪之站起来。

“程韵，你也来！”迪之把我从床上拉起来。

我们三个人举杯，光蕙把杯里的酒干了，我还是头一次喝葡萄酒。光蕙放下酒杯，我们不知说什么好，她微笑离开房间。

“我觉得我们好像送光蕙去死。”我跟迪之说。

“我们是成人了，自己喜欢做什么都可以！”

我觉得这件事很荒谬，我从没想过我竟举杯为一个处女饯行。再回来时，她已变成女人。我的心无法平伏，我跟迪之把余下的白葡萄酒干了，昏昏沉沉地入梦。

再次醒来的时候，我看到光蕙睡在我和迪之中间。

“你跟老文康已经……”我问她。

“我们什么也没有做过。”光蕙说。

“老文康他不想？”

“我不知道，我们躺在床上，大家都脱了衣服，但什么都没有做。”光蕙说。

“光蕙，他太老了。”迪之笑得很神秘。

“我不明白你的意思。”光蕙说。

“将来你会明白的，我头很痛，让我睡吧。”迪之闭上眼睛。

那一刻，我觉得老文康是个好人，在最后关头，他不忍夺去一个少女的贞操，光蕙也这样想。

后来，我们都有经验了，才明白老文康那天晚上，是无能为力。是无能为力，并非怜惜她。他是一个彻头彻尾的坏男人。光蕙日后不肯承认受骗，是她无法接受自己被这样一个男人骗倒。世上并没有她曾经以为的那种超凡脱俗的爱。

在芭堤雅的最后一天，我们大伙儿在海滩上吃露天晚餐。我仔细地重新研究老文康。他已经五十五岁了，染过的头发这几天给海水漂得褪色，露出原本花白的颜色。脸上久经日晒，堆满皱纹，腰间挂着两团多余的赘肉，脸孔一贯地严肃，可是我已经不怕他了，因为我知道他和光蕙的事。光蕙爱上一个那么老的男人，真是难以想象。而这个老男人在我们中间，显得很快乐，他要在掉落衰老的黑洞前，抓住一个青春的躯体。

那一夜，我们一起唱歌、跳舞。迪之带来了林正平的新歌，那首《没法忘记你》是讲一对男女分手的，听得最感动的，是光蕙。

我举杯说："友谊永固。"

在歌声中，我与七年的中学生活分手。

回到香港不久，大学试放榜，我中文和历史拿了A，报读香港大学中文系。光蕙的成绩考上了理工学院，成绩没有她一贯的好，都是给老文康累的。但，迪之的成绩令我很意外，她统统不及格。

"再考一次吧！"我说。

"不！不想再考一次，没意思。"迪之说。

其实，如果迪之在那几年没有谈恋爱，她的成绩应该不至于那样差，又是给男人累的。

"恭喜你，程韵，你是大学生。光蕙，你也好，理工是很难考上的呢。"迪之说。

我和光蕙都不懂说什么好。

乐姬也进了香港大学。丽丽考上师范学院，她想当体育教师。小绵的成绩也是差强人意，她报读了护士课程。欣平去英国升学，青荷的成绩最好，但他们一家人要移民美国。

迪之决定工作，她进了乐音唱片公司当秘书。乐音当时是一家中等规模的公司，歌星不多，但每个人都有知名度，也很有特色。乐音的皇牌正是红透半边天的林正平。我们听他的《没法忘记你》听得如痴如醉。

迪之每天都向我报告她当天遇上哪一位歌星。对于这份工作，她兴致勃勃，使我稍微安心。某一天，终于让她认识林正平。

“他真人跟上镜一样迷人，还跟我聊天呢，一点架子也没有。”迪之兴奋地告诉我，她好像给林正平迷住了。

“听说他是同性恋的。”我说。

“别人诬蔑他罢了！听公司里的人说，他有一个十年的女朋友，只是他一直不肯承认。”

一个月后，林正平在红磡体育馆开演唱会，迪之替我们拿到前面的座位。演唱会完了，还有本事带我和光蕙到后台跟林正平合照。在林正平的休息室里，我看到一个没有化妆的女人默默替他整理服装，那个大概就是他背后的女人，那个女人毫不起眼，要配林正平，她还差很远。不过，漂亮的女孩子也许无法忍受那种委屈。

一天晚上，我跟迪之吃饭，半途中，她的传呼机响起，她回了电话之后再回来。

“林正平传呼我。”迪之笑得很甜蜜，林正平竟然在晚上传呼她，证实她是个十分有魅力的女孩子。

“他找你干什么？”

“他说刚刚录完音，问我有没有时间跟他去喝茶。”

“他找你喝茶？”我觉得事情不简单。

“或者……或者他喜欢我，他女朋友这么丑。”迪之似乎准备接受追求。

“结账吧，林正平现在来接我。”

我目送迪之坐上林正平的保时捷跑车绝尘而去。她已经离开邓初发很远了。可怜的救生员。

深夜，我接到迪之的电话。

“我们在浅水湾漫步，他还牵着我的手呢！”迪之兴奋地告诉我。

“那邓初发怎么办？”

“我告诉他，我今天晚上跟你一起。程韵，我愈来愈发觉，一个人一生中不可能只得一段爱情。”

“但邓初发是你的初恋。”

“他是我第一个男人，因此，即使我离开他，也不欠他什么，我已经把最好的东西给了他。”

女人喜欢把自己的贞操当成礼物送给男人。

那一夜，迪之首次向我承认，她和邓初发有肉体关系，而且发生在相恋半年之后。她一直没有告诉我，是因为我没有男朋友，我不会了解。

“你快点找个男朋友，你便会明白，男人爱你，便要跟你做那件事。”

当时的我，突然有一种很滑稽的想法，二十岁的我，仍然是处女，着实有点难堪。

“你喜欢邓初发，还是林正平？”我问她。

“我不知道……”

当她答不知道，她跟邓初发的爱情已成过去了。一个救生员，即使后来是一家体育用品公司的小股东，凭什么跟天王巨星林正平较量？迪之的虚荣，我完全明白。一个高高在上的男人，竟然向她展开追求，她注定逃不掉。

一个清晨，迪之告诉我，她跟林正平做了那件事。

“在哪儿？”我问她。

“在他的保时捷上。”

迪之决定跟邓初发分手，她开始避开他。

邓初发天天晚上在迪之家楼下守候，要看看她是不是交上新男朋友，一天晚上，迪之终于忍无可忍向他提出分手，他竟然掴了迪之一巴掌。

“你有还手吗？”我问迪之。

“没有，我要他欠我。他掴了我一巴掌，我对他，连仅余的感情都没有了。”

两天后一个晚上，邓初发请我吃饭。

我在餐厅见到他的时候，他很颓丧。

“你一定知道迪之的新男朋友是谁？”

“你不要在这个时候逼她。让她冷静一下，也许她会回到你身边。”

“不会了！她不会回来了！我掴了她一巴掌！”邓初发惨笑。

一个有八块腹肌的男人竟然伏在桌上号哭起来，爱情把他的尊严夺走了。

他掏出一个粉红色的信封给我。

“我写了一封信给迪之，你看看。”邓初发把信递给我。

“我怎好意思看你的情信。”

“不！你看看，如果能感动你，便能感动迪之。”

“迪之比我铁石心肠。”

我开始阅读他的情信。虽然他那么难过，但，但我想笑！他的情信，写得十分差，字体丑得像小学生不在话下，文笔又差劲，总共有十三个错字，还想去感动一个女人？我不敢抬头看他，我怕我会忍不住发笑。他该多读点书。

“怎样？”他问我。

我很努力找出一些东西来称赞他：“你的感情很真挚。”

“你可不可以替我写一封，我知道我写得不好。”

第一次有人托我写情信。

“我不能代你写，我不想欺骗迪之。”

邓初发捉着我双手：“我求求你，帮我这一次。”

我觉得他太可怜，答应了他。我替他写了一封情信，他自己抄一次之后，送去给迪之。

三天后，我接到迪之的电话，她泣不成声。

“什么事？”我问她。

“我看过邓初发写给我的信，很感动。”

一封赚人热泪的情信，并不能挽回一个女人的心。邓初发却不明白。他以为我替他写一封情信，便能令迪之回心转意。迪之也太糊涂了，她跟一个男人相处五年，竟无法分辨他有没有写那封情信的才情。

邓初发的情信只能换到最后一次见面。邓初发约迪之在铜锣湾一家简陋的马来亚餐厅见面，那是他们初次约会的地方。他期望用旧情留住她，可是他不知道，迪之跟林正平去浅水湾餐厅、雅谷和卡萨布兰卡，两个人吃饭，要数千元。迪之不再喜欢那种马来亚餐厅，人不能走回头路。

“我不能再见他，我见他一次，便更加讨厌他。我宁愿留一点美好回忆。”迪之说。

当然，失败的男人，还有什么魅力？邓初发不该出来现世，如果他躲在暗角，黯然神伤，还能赢得一点同情。

在跟迪之见面后的第二天晚上，邓初发来找我。

“谢谢你替我写情信，虽然没有什么结果，我还是想谢谢你，我决定回去南丫岛。”邓初发说。

伤心的邓初发回到老家去，他履行诺言，没有再骚扰迪之。迪之却对我说：

“我有点挂念他。”

“你不是挂念他，你是可怜他。”

因为女人先抛弃男人，所以，她可以升上上帝的宝座来怜悯他。邓初发正是受不住这种怜悯，所以宁愿躲起来。

“你会爱上他吗？”迪之笑着问我。

我有点愕然，她竟然怀疑我会爱上邓初发。她太自大了，她以为即使她弃如敝屣的男人，都是一个配我有余的男人。而且当时我还没有男孩子追求，而她先有邓初发和天皇巨星林正平。我有点愤怒，想告诉她，即使在五年前，我也不会选择邓初发，何况今天？

“跟你说笑罢了。”迪之看见我有点愠怒，拉着我的手。

当然，我知道她不是说笑，她觉得自己上岸了，很想做一件善事，就是将邓初发推给我，或者将我推给邓初发。我才不会爱上一个连我的好朋友也不要的男人。

光蕙来了，刚好打破我和迪之的困局，我们三个人，很久没有一起吃饭了。

“我们的未来测量师很忙吧？”光蕙在理工读屋宇管理及测量系，迪之有点妒忌光蕙可以考上大专。

“谁说呢？我替学生补习呀，今天收到薪水，可以请你们吃饭。”

“不，你和程韵还在念书，这顿饭该由我来请。”迪之说。

“好，我不跟你争，你现在是林正平的女朋友啊，手头阔绰得多了。”光蕙取笑她，“听说邓初发回南丫岛去了。唉，男人都是可怜的动物。我也挂念老文康。”

“邓初发和老文康不同，老文康对你不是真的，毕业后，他没有找过你。”我说。

光蕙的脸色突然变得很难看，我知道我说错了话。迪之伤害了我，我伤害了光蕙。

光蕙对老文康的感情很复杂，她爱他，可是也怀疑他是否欺骗自己。但怀疑他太痛苦了，倒不如相信他。

“老文康对我是真是假我自己最清楚。”光蕙咬着牙说。

“那最好。”我说。

“程韵不是这个意思，她关心你。”迪之对光蕙说。

我没有表示同意。向光蕙道歉，我下不了台，我心情也不好。

“老文康寄过一张卡给我。”光蕙说。

“他说什么？”迪之问她。

“问候我。我和他，打从开始，便知道没有结果，我们相差三十六年。”光蕙说。

“林正平也有女朋友，我和他的事，不能让他女朋友知道。”迪之说。

“那种偷偷摸摸的感觉，很刺激，也很痛苦。”光蕙对迪之说。

“也许正是由于这种偷偷摸摸的感觉，使我们相聚的时光更快乐。”迪之告诉光蕙。

她们把我摒出局了！两个情妇在抒发当情妇的感受，好像情妇是世上最伟大也最伤感的身份。

“一个女人，一生之中，无论如何要当一次第三者。”迪之说。

“是的，做过第三者，才会明白，爱一个人，是多么凄凉。我们想要的人，并非常常可以得到。”光蕙说。

“一对一的爱情太单调了。我和邓初发曾经有过快乐时光，我们在床上调笑、接吻，以为理所当然。但，跟林正平一起，即使只是接吻，我也会血脉沸腾，想得到更多。他令我觉得自己像一个女人，一个想偷情的坏女人。”

“你现在的样子很放荡。”我揶揄她。

我跟迪之一起乘车回家，电台刚好播放林正平的新歌。

“你留心听听，这首歌很好听！是一位新进填词人写的。”迪之说。

有几多首歌，
我一生能为你唱，
从相遇的那一天，
那些少年的岁月……
该有雨，洗去错误的足印，
该有雪，擦去脸上的模糊……

林正平唱得很好，不像他以往所唱的那些肤浅的情歌。歌名叫《人间》。

迪之听得很陶醉，好像林正平单单为她一个人而唱。我有点悲伤，莫名其妙地被歌词牵动心灵。我倚在迪之的肩膀上，她也倚在我的肩膀上。我们竟然在那一夜，被同一首歌，感动得说不出话。

“填词人是谁？”我问迪之。

“好像叫林放。”

第二天早上，起床的时候，我又从电台听到那首歌，无端地伤感。那是一个下着滂沱大雨的早上，雨中的香港大学并不美丽。我忽然觉得，我并不怎么喜欢这个地方。开课一个月了，我并没有找到一个跟我特别投契的人。读中文系的人，并不活泼。下课后，他们都忙着去替学生补习。我最不能忍受替那些小白痴补习，我没有那份能耐，我会杀死那些补习老师讲解了三次仍然不明白的小白痴。我参加过两次女排的练习，那群女孩子都是高傲的波牛，技术不好，却很自信，很排外。我决定不参加。在校园里，我偶然会碰到乐姬，常常有一群男孩子包围着她，听说他们选了她做校花。

班上女孩子比男孩子多出六倍。十个男孩子都面目模糊。

上唐诗讨论课的时候，第十一个男生闯进来。

第二章｜恋人的感觉

闯进课室的男生，戴着一顶鸭舌帽，架着一副粗黑边眼镜，我没法看清楚他双眼，只看到他有一张过分苍白的脸，比一张白纸稍微有点颜色。他叫林方文，开课后一个月才到，肯定是后备生。

林方文选了前排的位置，就在我前面。他把饮了一半的可乐放在桌上，然后掏出一本书看得津津有味，那本不是什么书，而是漫画，是《龙虎斗》。大学中文系的一年级生，日常读物竟是《龙虎斗》！

“如果要看《龙虎斗》，为什么不坐到后面呢？”我跟他说。

他回头，打量我一次。

“前面比较凉快。”他说。

“啊！原来是这样。”

我最讨厌故弄玄虚的人。

像他这种人，一定会在三个月内勾搭一个女生，那个傻兮兮的女生便会替他收拾房间，他坐享其成，然后在离开大学之前抛弃她。他的房间除了有大量《龙虎斗》外，应该还有大批色情杂志和一副麻将牌。

第二天，林方文又选了最前排的位置坐下。他从背囊里，拿出一本《花花公子》。

林方文的花样真是层出不穷，先是看《龙虎斗》，然后是《花花公子》，甚至马经。偶然，他会一本正经地看《号外》，总之，从来没有看课堂上应该看的书。

有几个男生跟他来往，他们说，他来自油麻地区一所名不见经传的学校。他能考上香港大学，真是异数。

林方文从来没有摘下他的鸭舌帽，在校园任何一处，碰上他，他都戴着那顶鸭舌帽。即使三十三度高温，他仍然没有意思摘下帽子。我想，他若不是额头有一个大洞，便是根本没有头发。

一天，上新诗课的时候，他竟然穿了一双凉鞋，露出十只脚趾，翘起双脚看《姊妹》。《姊妹》是我上发廊才看的。他为什么看一本妇女卫生手册？难道他也有妇科问题？

那天我无心细想他为什么看《姊妹》，我只留意他的脚趾。我觉得脚趾是一个人身体最神秘的部分。除了在家里或去游泳，我外出一定不会让人看到我的脚趾。脚趾好比私处，让人看见，总是很不自然。

林方文的十只脚趾很清洁，不太长也不太短。最难得的，是他的第二只脚趾比脚趾头短，应该不会是一个穷人。看着他十只脚趾，我有偷窥的感觉。

下课后，林方文走到我面前，问我："你为什么一直看着我的脚趾？"

他把我吓了一跳，我没想到他知道我一直在偷看他的脚趾。"谁看你的脚趾！"我若无其事在他身边走过。

我感觉到他在我身后盯着我。那是头一次，我对一个男人，有一点心跳的感觉。但，我找不到任何一个理由，我会喜欢他。如果有一点心跳，那是因为被他揭穿了我在偷窥他，因此感到尴尬。

同一天下午上另一节课，林方文脚上换了一双帆船鞋。他坐在我前面，回头对我说：

“我特意换上一双密头鞋，不让你看到我的脚趾。”

说罢，他得意扬扬翻看新出版的《龙虎斗》。而那一刻，我竟然没有还击之力，给他打得一败涂地。

晚上，我跟迪之吃饭，她拿了林正平最新的唱片给我，里面有那首《人间》。迪之说，林正平已经一个星期没有找她了。我不懂说些什么，看着她哀伤地离去。男人如果要走，又怎能留得住呢？

我在被窝里听《人间》：

有几多首歌，
我一生能为你唱，
从相遇的那一天，
那些少年的岁月，
该有雨，洗去错误的足印，
该有雪，擦去脸上的模糊……

我在歌声中睡去。

几个星期后的一个早上，下着滂沱大雨，我在街上站了四十五分钟，还没法找到一辆计程车。终于有一辆计程车停在我面前，车上的人叫我上车，他是林方文。我已经全身湿透，不想再跟自己过不去。

“谢谢你。”我对他说。

他没有理会我，他那顶鸭舌帽压得很低，脸很模糊。电台刚好播放着《人间》：

从相遇的那一天，
那些少年的岁月，
该有雨，洗去错误的足印，
该有雪，擦去脸上的模糊……

我的身体轻微随着歌声摆动。

“你很喜欢这首歌吗？”林方文问我。

我点头。他沉默不语。我们听着同一首歌。

那首歌，总是叫每一个人无端地伤感，连看《龙虎斗》和《花花公子》的林方文，也不例外。

计程车到了香港大学，我找钱包付钱，林方文对我说：“不用你付钱。”

他就这样付了计程车费，完全不需要征求我的同意。

“喂！”他叫我。

“什么事？”

他把外套脱下来扔给我。

“你把衣服拿去。”

“不用。”我说。

“你的衣服湿透了。”他说。

“我不怕冷。”我说。

“我不知道你冷不冷，但你现在好像穿了透视装。”

我看看自己，才发现身上的白衬衫湿透了，整个胸罩浮现得一清二楚，我把林方文的外套抱在胸前，尴尬得不敢望他。

接着的一课，林方文没有出现。我的衬衫已干透。我把外套拿去宿舍还给他。

他不在宿舍里，房门没有关上，我走进去，以为自己走进了一间旧书局。他整个房间都是书，半张床给书本霸占了。房里并没有大量的《龙虎斗》《花花公子》或《姊妹》。有《战争与和平》，也有《百年孤独》，他原来也看那些书。桌面很凌乱，我翻看一下桌上的纸张，其中一张纸上，有《人间》的歌词：

> 有几多首歌，
> 我一生能为你唱，
> 从相遇的那一天，
> 那些少年的岁月……

他竟然那么无聊，把歌词抄一遍。

即使抄歌词，也没有可能连简谱一起抄下吧？《人间》的填词人是林放，林方文，方字跟文字合并，不就是“放”字吗？难道林方文就是林放？

这个猛啃《龙虎斗》的人，能写出那样动人的歌词？《人间》不是我听过最好的歌，却是最能感动我的歌。

我看见床上有一支颇为残旧的乐风牌口琴，是填词的工具吗？

“你在这里干什么？”他突然闯进来，把我吓了一跳。

“我把外套还给你。”

“哦。”

他没有理会我，把刚洗好的几件衣服挂在房间里。

“《人间》的歌词，是你写的吗？”

“没想到吧？”

“是你？真是你？”

“你的样子很吃惊，是不是像我这种人，不像会写出这样的歌词？”

我从来没想过，那段日子里，每晚陪着我入梦的歌，竟是他写的。一个我最心仪的填词人，竟然站在我面前，他是我认识的人。

我有点不知所措，我应该离去，却不由自主地留下，期望他会跟我说些什么。

林方文没有跟我说话，温柔地拥抱着我，我竟然没有反抗，我好像已经跟他认识了很久。

才气令女人目眩，不是他的臂弯融化了我，是他的歌词，是他的才情，令我失去矜持。

那是我有生以来，头一次跟一个和我没血缘的男人拥抱，他的体温温热着我。我用双手紧紧抱着他，像找到了一个依归。他用双手捧着我的脸，唇贴着我的唇。我闭上眼睛，不敢望他。那一天，是一九八六年十一月三日。

都是那首歌惹的祸。

我和林方文一直拥抱着，谁也不愿意先放手。我们好像是一对被长年分隔开的情人，既然可以互相拥抱，便无论如何不肯再分开。我看着书桌上的小闹钟，时间以轻快的步伐歌颂爱情，我们已经拥抱了一小时。

“我想喝水。”我说。

他放开我，倒了一杯水给我，我们拥抱了一小时，他竟然还没有摘下那顶鸭舌帽。

“你为什么总是戴着帽子？”我锲而不舍。

“没想过为什么。”

那一刻，我是一个刚刚跟他拥抱了一小时的女孩子，我问他问题，他竟然那样不负责任地回答我，我觉得很尴尬，他是不是觉得我说话太多？刚刚献出初吻的女孩，也许应该保持沉默。

他吻我的时候，我便知道，他不是头一次接吻，他很会吻人。

“歌词真是你写的吗？”

“如果不是我写的，你刚才便不会让我抱，是不是？”

我不知道怎样回答他。

“你这个人太计较了。”

我觉得很愤怒，他会不会是玩弄我？因为我曾经批评他上课时看《龙虎斗》。他故意要吻我，然后向其他人炫耀，证实我不过是一个容易受骗的女孩子。如果那是真的话，我已经输了，我还留下干什么？

我冲出走廊，离开宿舍大楼，上了一辆计程车，车上竟然播着那首歌：

> 该有雨，洗去错误的足印，
> 该有雪，擦去脸上的模糊……

为什么是那首歌？它是我的紧箍咒。

我和迪之在酒吧见面，对于我终于和一个男人接吻，她显得很雀跃，也许她觉得，以后我们可以有更多共同的话题。

“要查出来不难，我问唱片监制便知道。如果他不是林放，你是不是不喜欢他？”

但我感觉到，他就是那个人。

迪之很快便查出来。

“监制说，他常常戴着一顶鸭舌帽。”

“那一定是他。”

“好啊！你跟才子恋爱！他很红呀，很多歌星指定要他填词。”

“你跟林正平怎样了？”

“不要说了！他正在追求一个歌星保姆。”

“是个长得很漂亮的女人吗？”

“是很漂亮，不过是个男的。”

我目瞪口呆。

“我质问他，他说，他也玩玩男人。”

“玩玩？”我想吐。

“我被人玩了。他是个玩弄女人的风流种子罢了。是我太天真。”

“你会回到邓初发身边吗？”

“我已经不爱他了。”

迪之没有流下泪来，她尽量使自己看来若无其事。那是她第一次明白爱情可以是游戏，她把那次玩弄当成是短暂的爱情，那样会使她好过点。

第二天上课，林方文进入课室时，仍然戴着那顶鸭舌帽，他坐在我身边，在我耳边说：

“你应该已经查出我是不是林放吧？”

我别过脸不去望他，心里却很快乐。

他那天竟然乖乖看笔记，没有看他的书。

“今天为什么不看《龙虎斗》？”

“新一期还未出版。”

我给他气坏：“你为什么看《龙虎斗》？”

“好看呀。”

“那《花花公子》呢？”

“好看呀。”

“那《姊妹》呢？”

“我想多了解女人。”

他把手伸过来：“把你的电话号码给我。”

“为什么要给你？”

他竟然很快便把手缩回去。他应该多问我一次。

下课后，我以为他会约我吃饭，他竟然匆匆说了一句：“我会找你！”便跑回宿舍。

周六和周日，我守在电话机旁边，地久天长，等待一个人的声音。他要是想找我，一定可以从其中一个同学那里拿到我的电话。可是，他没有找我。

星期一，我在课室外碰见他，故意不去望他。

“今天有空一起吃午饭吗？”

“没空。”我说。

他的样子很失望，看来他不打算再求我。

“哦，慢着，你说午饭？午饭我有空，我以为你说晚饭。”我想跟他一起，唯有自己打圆场。

我们长途跋涉去浅水湾吃汉堡包。

“可以把你的电话号码给我吗？”他说。

“你不知道吗？”

“你没有告诉我。”

“你没有去查？”

他摇头。我常常以为，他喜欢我，该千方百计查出我的电话号码，那是一个男人爱慕一个女人的表现。后来我当然知道，他不是那类男人，他要女人付出。

班上的人开始知道，我和林方文谈恋爱。他们也猜到，他是近日很红的填词人林放。

消息很快传到乐姬耳里，一天，我在走廊上碰到她，她跟我说：

“听说你跟才子谈恋爱？”

我看得出她眼里的妒忌，她以为但凡出色的男人都应该追求她，林方文追求我，是没有遇上她而已。

终于有一次，给她碰到我和林方文一起。我看到她故意从老远跑过来跟我打招呼，我也故意不介绍林方文给她认识。我一定要捍卫我的初恋。

“她是谁？”林方文问我。

“我的中学同学，很漂亮吧？”我试探他。

他没有理会我。

我们常常那样斗嘴，他永远是爱理不理的，他只会对他头上那顶鸭舌帽坚持。

一九八六年十二月三十一日，我们相约在港岛深湾的卡萨布兰卡餐厅吃饭庆祝新年。这家餐厅的名字取自同名的一部荷里活旧片。我听迪之说，那里可以跳舞，所以当林方文问我想到哪里度除夕，我便选卡萨布兰卡。

除夕晚上我等了五个小时，还没有看见他。驻场歌星倒数十秒迎接一九八七年，普世欢腾，我气得一个人在哭。他会不会从此不再出现？

他在十二时十五分来到，安然无恙。他坐下，我马上起身离开。

他拉着我问："你去哪里？"

"你现在才来？"我流着泪质问他。

"我在录音室。"

"你忘了我在这里等你？"

"忘了。"

他竟然那样回答我！我无法不承认，一直以来都是我一相情愿而已，他根本不在乎。我掩着脸冲出去，他在餐厅外面拉着我，把一张歌谱塞在我手里："这首歌是我为你而写的。"

他从口袋里拿出那支乐风牌口琴，吹一首歌——

告诉我，我和你是不是会有明天？
时间尽头，会不会有你的思念？
在你给我最后、最无可奈何的叹息之前，
会不会给我那样的眼神——最早，也最迷乱？
深情是我担不起的重担，情话只是偶然兑现的谎言。
因为你，我甘愿冒这一次险，即使没有明天……

感动是一座熔炉，烧熔我的心，逼出眼泪，即使用一双手去接，也接不住。

“为什么要写这首歌给我？”

他没有回答我。我忘了，他不一定回答问题。

我心里有说不尽的欢愉，天的遥远地的辽阔，海的深沉山的高峻，也比不上天地里有一个男人，为我写一首歌。

他抱着我，我把头埋在他的胸口。

“我害怕你永远不会再出现。”

“怎会呢？”他吻我。

“新年快乐！”他跟我说。

“新年快乐！”我说。

一九八七年的一月一日，我们在海边等待日出。我渐渐了解，我正爱着的人，是一个很难让我了解的人。他会忘掉我在等待他，却为我写一首歌。听到那首歌之前，我从来没有想过，他对我那样情深。他有本事令我快乐，也最有本事令我流泪。

“在我之前，你有要好的女朋友吗？”我问他。

他点头，我很妒忌。

“你有送歌给她吗？”

他沉默。

“日出了，你看。”他拉着我的手。

是的，日出了，我和林方文会不会有明天？

> 深情是我担不起的重担，
> 情话只是偶然兑现的谎言。

——这是不是林方文要对我说的话？他是个悲观的男人。女人最害怕遇上悲观的男人，她要用双倍的爱心来呵护他。她的喜怒哀乐，都由他操控。

但，即使没有明天，他是陪我看一九八七年第一个日出的男人。

一天，我陪林方文一起去看歌星录音。在录音室里，我第一次见到林正平，他不知道我是迪之的好朋友，他用深情的眼神望着我。我想起他跟男人搞在一起的事，有点作呕。

“林放的情歌写得很好，能感动很多女人。”林正平对我说。

我不大明白他的意思。他是称赞林方文的深情，还是想提醒我，林方文写过很多情歌给其他女人？

我和林方文一起离开录音室的时候，已经是深夜，他一直不说话，大概是他的悲剧人物情绪又发作。

“你跟林正平很谈得来吧？”他幽幽地说。

原来他妒忌。我突然觉得很快乐，他妒忌我和另一个男人谈话，他不是一直都爱理不理的吗？

“你妒忌？”我试探他。

“林正平不是一个好男人。”他说。

我笑而不答，我当然知道，我装着无知，让他不放心。

“嗨，你什么时候才肯摘下你的帽子？”我突然有勇气再次向他挑战，“你洗澡的时候，是不是也戴着帽子？”

“我很妒忌你的帽子，它比我和你更亲密，它没有一天离开你。”我说。

他继续向前走。

“摘下你的帽子。”我在后面追上他，伸手要拉下他的帽子。

他跑得很快，不让我碰到他的鸭舌帽。

“你跑得挺快。”他说。

“当然，我是女子排球队队员呢。”我企图拉下他的帽子。

“你好奇心太重了。”他闪开。

“你为什么不肯摘下帽子？”

“我说过，我没想过为什么。”

“一定有原因的，你的头顶有一个洞，是不是？”

“不是每一件事都有原因的。我送你回去。”

“你不摘下帽子，我也不回去。”我赌气。

“你真的不回去？”

“除非你摘下帽子。”

“那我自己回去，再见。”

他竟然撇下我离开！我气得在路上哭起来。

那顶鸭舌帽可能是一个女孩子送给他的，所以，他不舍得摘下帽子，他仍然怀念那个人。

我坐在路边，我不敢相信，他竟然撇下我。一辆汽车划破夜街的死寂，在我身边飞驰而过，情话只是偶然兑现的谎言？

林方文突然再次出现在我跟前，我低着头偷笑，抬头看他的时候，发现他并没有戴着鸭舌帽。

他的头顶没有洞，也没有伤疤，他的头发乌黑浓密。

他拿着帽子，向我行了一个礼，弄得我哭笑不得。

“你回来干什么？”

“你是不是最喜欢把男人气走？”

“你是不是最喜欢把女人丢在街上？”

“求求你不要再跟我抬杠，我没有戴帽子，好像没有穿衣服！

回去吧！”

“你为什么摘下帽子？”

“没有想过为什么。”

我渐渐明白，林方文便是那样一个人，他长久以来戴着帽子，没有原因。他突然摘下帽子，也没有原因。他爱上一个人，说不出原因。不爱一个人，也不会说原因。他原来是一个不值得依赖的男人。

“你可以戴回你的帽子。”我跟他说。

他回头，向我笑：“不用了。”

迪之也有新恋情，对方是唱片公司录音室的技师，迪之把他们两人用宝丽莱拍下的照片给我看。

“他不像你一向的选择，不够英俊。”我说。

“我现在是返璞归真。”她认真地说，“他是攀山高手，我跟他学攀山。”

“攀山很危险。”我说。

“你说攀山危险，还是恋爱危险？”

想不到光蕙也有新恋情，他是牙医，替一位私人执业的牙医工作。

“你们跟男朋友做了那件事没有？”迪之毫不避忌地审问我和光蕙。

“你老是关心这个问题。”我骂迪之。

“就是嘛！你不脸红的吗？”光蕙也骂她。

“你们不要这么纯情好不好？早晚你们会跟一个男人干这种事。”迪之懒洋洋地说，“那真是一件美妙的事！”

“来！我为你们两位处女干杯！”迪之举杯。

她对性的渴望和开放，也许是与生俱来的。

“你有兴趣做兼职吗？”迪之问我。

“是什么兼职？”

“在一间杂志社做校对，月薪有一千元。”

“好呀！我讨厌补习。”

那家杂志社出版一份高品味的生活月刊，校对只有我和另外一个男孩子，每天要花数小时看原稿和印刷稿，眼睛十分疲倦。一千元薪水，并不容易赚。

但，我有一个目标，林方文的那支口琴已经很残旧，乐风牌又不是什么好品牌，我要送一支新的给他。

我把三个月兼职的薪水储起来，每天中午只吃一个面包。

日本蝴蝶牌口琴在当时是很好的牌子，每支要卖三千二百元，我从来没有买过那么昂贵的礼物给别人。我在乐器行里仔细地将口琴检查了一遍又一遍，卖琴的人都嫌我挑剔。

口琴放在一个小小的木盒里，十分精致。我用花纸把它包好，扎上一只金色的蝴蝶，悄悄放在林方文的床上，然后把那支残旧的乐风牌口琴拿走。当林方文回到房间，看到我送给他的口琴，一定很感动。

三个小时后，他在校园里寻找我，当时我正站在储物柜前面。我以为他会情不自禁跟我拥抱，他的样子却很吓人。

“我的口琴呢？”他怒气冲冲问我。

“什么口琴？”我有点不知所措。

“我的乐风牌口琴。”

“我送了一支新的口琴给你，你没有看到吗？”

“是你拿走我的口琴？”他的样子很凶。

“那支口琴太旧了，所以我——”

“把我的口琴还给我。”他的目光很可怕。我打开储物柜，把那支口琴拿出来，重重地放在他手上。我的眼泪都涌出来了，何以爱一个人，会如此辛酸？口琴有什么秘密比爱情重要？

“还给你，都还给你！”我流着泪说，“我用了三个月薪水买那支口琴给你，你一点都不领情！”

“你用不着这样做。”他竟然可以说得如此平淡，像对一个普通朋友说话。

众目睽睽，大家都目睹我是这段爱情的失败者，我还能选择留下吗？

我在家里待了两天，什么都提不起劲。最可笑的，是在痛恨这个男人的时候，却热切盼望他打电话给我。电话没有响过，我突然觉得自己是个傻瓜，他为我做过些什么？不过写一首歌，摘下一顶鸭舌帽而已，我却变得如此卑微。晚上，我拧开收音机，播的尽是情歌，还有林方文送给我的歌：

告诉我，我和你是不是会有明天？
时间尽头，会不会有你的思念……

渐渐，我发现音乐不是来自收音机，而是来自窗外。我走到窗前，不敢相信林方文正在楼下吹着他送给我的歌。在电影或小说里看到这种场面，我一定会嗤之以鼻，认为太老套了，如果我的男人那样做，我一定会把他赶走。可是我那时完全没有将他赶走的意思。

我把房子里的灯全关掉，我不能走下去，他以为我是什么？随便让他骂，也随便让他哄吗？接着，他吹奏一首我不认识的歌，哀伤低回，像一对将要分手的情人。曲终，我再听不到口琴的声音，我走到窗前，已经看不见他。

我跑到楼下，想寻找他，却看不见他的踪影，他便是这样一个人，喜欢令人失望。我回头，他却在我后面。

“你为什么不走？”我冷着脸说。

“你的桌灯还没有关掉。”他说。

是的，我故意亮着一盏灯。

“恼我吗？”林方文问我。

我努力地点头。

“真有这么恼我？”他很失望。

我做了一个九十度弯身的点头。

“口琴是我爸爸留给我的，是他留给我唯一的东西。”

“你爸爸不在吗？”我讶异。

“他是个潦倒的海员，寂寞的时候，他站在甲板上吹口琴。一年里，他只回家两三次，对我和姐姐来说，他像个陌生人。一九八零年，他工作的大洋船在巴拿马遇上暴风雨沉没，没有一个船员生还。警察在船舱里发现这支口琴，口琴放在一堆衣物当中，竟然丝毫无损。他们把口琴送回来。这是一支奇怪的口琴，沾了腥气，遇过沉船，外表残旧，音色却依然完好。”

“你妈妈呢？”

“我已经很久没有跟她说话了。她是一个美丽聪明的女子，嫁给我爸爸，也许是她此生最错的决定。爸爸死后，她重操故业，经营一间小舞厅。”

我从来没有想过，林方文生活在另一个世界。

“还恼我吗？”他问我。

我吃力地点头，他捉住我，我向他微笑。

头三个月的薪水用来买了口琴给林方文，第四个月的薪水，我答应请迪之和光蕙吃饭。

“原来他有太太。”迪之惨笑，“我在街上碰到他，他牵着大腹便便的太太买婴儿用品。”

“那个录音室技师？”

“男人都是这样，像邓初发这种好人，早就死光了。”迪之说。

她在皮包里拿出一包登喜路，点了一根烟，手势并不很熟练，意态却沧桑。那份沧桑过早出现在她脸上，她两次都没有遇上好男人。

“什么时候学会抽烟的？”我问她。

“几天前才学会的。一个人无所事事，抽一根烟，时间会过得快一点。”

“不要抽烟。”

“你的运气比我好，你遇上好男人。”

“林方文是好是坏，我还不知道。”

“他有没有跟你上床？”

“没有。”

“那他是好男人。”

迪之那样说，暗示了她跟技师已经上过床了。

“你知道吗？女人怀孕的时候，不能做那件事。”她呼出一个烟圈。

我和光蕙默默无话。

“程韵，可以请我喝酒吗？”迪之问我。

“当然可以。”

她叫了一杯白葡萄酒。

“我是不是很蠢？常常被男人骗倒。”

“你不是蠢，你只是太渴望得到安慰。”我说。

“我比你们需要男人。”迪之又叫了一杯白葡萄酒。

“不要再喝了！”我阻止她。

“我自己付钱！”

“你知道我不是这个意思。”

“你要喝，我陪你喝！”光蕙把迪之的葡萄酒干了，奇怪，她为什么陪迪之喝酒？

“我们去南丫岛！”迪之说。

“现在去南丫岛？去那儿干什么？”我说。

“去找邓初发！”她看看腕表，“现在还有船。”

我们坐最后一班船往南丫岛，来到邓初发的石屋前面拍门。邓初发看见我们三个，很是意外。

“邓初发，我们来探你！”迪之倒在他怀中。

“她喝醉了。”我说。

邓初发带我们进石屋，这间屋只有他一个人住，他比以前消瘦了很多。

他拿了一条热毛巾替迪之敷脸。

迪之双手绕着邓初发的脖子，温柔地对他说：“我要到你的房间睡。”

邓初发无奈，将她抱走，他们会再次走在一起吗？

光蕙问我："你最恨哪一个人？"

"暂时没有。"

"我有！我最恨老文康。他骗我，我认识了孙维栋，才知道什么是爱情。老文康是无耻的骗子，我要打电话骂他！"

她真的拿起话筒打电话给老文康。

"喂，老文康在吗？"光蕙问。

接电话的是老文康。

"我是沈光蕙，你这个绝子绝孙的臭王八，你什么时候才去死？你这种人愈早死愈好。"

老文康大概吓了一跳，立刻挂断电话。我和光蕙倒在床上大笑。

"你不是说毕业后，他寄过一张卡给你吗？"

"我骗你的，他没有找我，我只是无法接受自己受骗，我曾经以为那是一段超凡脱俗的爱情。"光蕙悲哀地说着。

小岛上的夜，唯一的声音，是草丛里蛤蟆的叫声。我很挂念我的男人，摇了一个电话给他。

"你在哪儿？我找不到你。"他焦急地说。

"我在南丫岛，迪之喝醉了，我陪她来找邓初发，光蕙也在这儿，她睡了。我要明天清早才可以回来。"

"我很挂念你。"

他从来没有对我说过这句话。

"我们会不会有明天？"我问他。迪之的遭遇令我对男人很悲观。

"夜了，睡吧。"他没有回答我。

第二天清早，邓初发买了早餐给我们，迪之仍然睡在他的床上。

“你昨晚有没有跟她……”我问邓初发。

“我不是这种男人。”他说，“她已经不爱我了，虽然昨晚她肯定不会拒绝我，但我不想这样做。”

迪之醒来后，邓初发送我们到码头。到了香港，林方文竟然在码头等我。他用行动证实我们的明天。

如果世上有很多种幸福，那是其中最动人的一种。

“你为什么会在这里？”我问他。

“你说今天早上会回来。”

“真是令人感动啊！”迪之取笑他。

光蕙也加入取笑他，跟迪之一唱一和：

“羡煞旁人啊！”

他们三个人还是头一次见面。

迪之和光蕙离开了，我跟林方文手牵手在中环散步。

“你昨天为什么跟我说那句话？”我问他。

“哪句话？”

“我很挂念你。”我说。

他沉默，我突然觉得他的沉默很不寻常。

“是不是你昨夜想起另一个人，所以对我说很挂念我？”

他凝视我，我知道我的感觉是真的。我不了解男人，对爱情的认识也很肤浅，但我有恋人的感觉，不会错的。

“我带你去一个地方。”他说。

我走在他身边，默默无语。他在码头等我，是他内疚，不是我幸福。如果世上有很多种不幸，那是其中一种可笑的不幸。

林方文走到兰桂坊，清晨的兰桂坊跟晚上是另一个世界，斜路上卖早餐的店子坐满了看日报的男女。他走到斜路尽处，那里有一间酒吧，酒吧已经关门，他带着我走上二楼，那儿可以看到对面大厦的一楼有一间画廊。

画廊里，一个穿雪白色长袖睡袍的女子正在画画。那个女人看来有三十岁，一把长发垂在胸前，蔓延到腰间，她长得很高、很瘦，有差不多五英尺八英寸，不施脂粉，有象牙白色的皮肤，一个大嘴巴，一个大鼻子，一双好像什么都不在乎的眼睛。五官凑在一起，却很漂亮。

“她是你昨夜思念的人？”我问林方文。

他没有回答我。在那个出众的女人面前，我突然觉得自己很渺小。

“她是我从前的女朋友。”

“她看来年纪比你大。”

“比我大好几岁。”

“你们分开了多久？”

“差不多一年。”

“刻骨铭心？”我问他。

“什么叫作刻骨铭心？”他反问我。

“已经分开一年，你仍然跑来这里偷看她。”

就在那个时候，画室里出现了另一个男人，那个男人长得很俊朗，看来才不过十八岁。他从后面抱着她，身体和她一起摆动。

“你们分开是因为他？”

“她跟这个男人只是来往了一个月。”

“噢！原来你常常来这里偷看她。”跟我一起的那段日子里，他的心仍然留在画廊里，我实在妒忌。

"她倒是很喜欢比自己年轻的男人啊！"

"她是一个很放荡的女人。"他说。

"你们为什么分开？"

他向着我苦笑："我们互相伤害。"

我很妒恨林方文与画廊里那个女人曾经互相伤害。创伤比爱刻骨铭心，所以他虽然离开她，却一直没有忘掉她，而我在他心中的位置，显然比不上那个大嘴巴女人。

"你有没有跟她做爱？"我问他。

他没有回答我。

我突然发觉林方文和画廊里的女人，有非比寻常的肉体关系，而他跟我，却没有，因此我比不上她。

我搂着林方文，紧紧地搂着他，不让他呼吸。

"你干什么？"

"跟我做爱！"

我以为只有那样，我和林方文的关系才可以跟他和大嘴巴女人的关系相比。她和林方文睡过，而我没有。她和他缠绵，而我不过是一个跟他互不相干的女人，这种关系太不安全。

他轻轻地推开我："你别这样。"

"我要跟你做爱。"我缠着他不肯放手，热情地吻他的脸、嘴巴和脖子。我已经失去所有尊严，哀求一个男人占有我，以为因此我可以占有他。

他狼狈地推开我："你不要发神经好不好？"

我被拒绝，无地自容。我奔跑到楼下，冲下斜路，不知该走到哪里。他为什么要带我去看大嘴巴女人？他爱上那个放荡的女人，为什么，为什么他不介意她放荡？还是因为她放荡，他才跟她分手？那个女人比他大八年，他喜欢年纪比他大的女人吗？

我迷迷糊糊回到宿舍，走进他的房间里。在那个滂沱大雨的清晨，他在计程车上，载我一程，我们一同听《人间》：

“从相遇的那一天，那些少年的岁月……”爱情从那一刻开始迷惑我们。但那天早上，他可能离开宿舍，去偷看大嘴巴女人，所以回程时遇到我。我和林方文的爱情，竟然在那个女人的阴影下滋长，《人间》是他写给那个女人的，我竟被歌词迷住，倾慕他俩的爱情故事，真可笑！

我拉开书桌的抽屉，里面很杂乱，我企图找到一些他和大嘴巴女人的资料，可是一无所获，只有我送给他那支蝴蝶牌口琴和那顶鸭舌帽依偎在一起。

“你干什么？”林方文突然在后面叫我。

我正在企图偷看他的私隐。为了掩饰我的无地自容，我把书桌上的东西全扫到地上，把抽屉里的东西也扔到地上。

他竟然没有阻止我。我继续将他的东西乱扔，他站在一角，没有理会我。我将所有的东西都扔到地上，精疲力竭，他依然冷眼旁观。他铁石心肠。我要离开房间，他并没有阻止我，我走出走廊，只觉得全身没有气力，连走一步路的意志也没有。房里依然是一片沉默。我突然很害怕，我一旦离开，我们的故事便完了。

我回头，用尽全身的气力一步一步接近他的房间，我回去了，他仍然沉默。我俯身将地上的东西拾起来。

我突然很看不起自己，为什么我连一走了之的勇气也没有？大嘴巴女人一定不会像我这样。

他突然抱着我，我觉得全身酸软，像受了很大的委屈，号啕大哭，哭得很丑陋。

“如果你不喜欢我，不要勉强。”我说。

“你知道我为什么带你去那里吗？”

“我决定忘记她，我想让你知道。”

他吻我，我闭上眼睛，跟他说：

“我可以……”

我可以跟他睡，愿意跟他睡，义无反顾，即使我们将来不一定会在一起。

“不用。”他说。

他温柔地抚摸我的脸颊说：“不用，现在不用。”

我把事情告诉迪之，她煞有介事地说：

“男人在十八至二十五岁这段时间，会爱上比自己年纪大的女人，是恋母情结，说得粗俗一点，是还没有断奶。”

林方文说他的母亲是一个美丽聪明的女人，虽然他已很久没有跟她说话，但他说起母亲，总是很忧郁的。他会不会像迪之所说，有恋母情结，所以爱上大嘴巴女人？

“他为什么喜欢放荡的女人，男人不是喜欢纯情的女人吗？”我说。

“纯情的女人是天使，放荡的女人是魔鬼，魔鬼总是比较好玩的。”迪之说。

我瞒着林方文，约了迪之和光蕙在画廊对面那间酒吧喝酒，其实是去偷看大嘴巴女人。大嘴巴女人那天没有画画，她站在画廊的落地玻璃前喝水，不是用杯喝水，而是拿着一个有柄的玻璃瓶喝水，那种玻璃瓶可以倒满八杯白开水。

“她很饥渴呢。”迪之说。

"她的嘴巴真的很大。"光蕙说。

"大得容得下我一只拳头。"我说。

"她的样子很特别。"光蕙说，"眼睛大、鼻子大、耳朵大、嘴巴更大，但凑在一起又不太难看。"

"像专门吃少男肉的女妖。"我说。

"所以你的林方文给她吃了！"迪之大笑。

"你笑得很淫。"我说。

"是吗？我真的笑得很淫？"她竟然从皮包拿出一面镜子照照看，说，"果然很淫，男人喜欢这种笑容。"又说，"你看，大嘴巴女人正在淫笑。"

画廊里，出现了一个男子，大嘴巴女人似乎又换了男伴，也是二十岁出头的年轻男孩子，比上一个更俊朗。

迪之站起来说："我们上去。"

"上去？"我犹豫。

"怕什么？反正她不认识我们。"

沿着大厦楼梯走上一楼，便是大嘴巴女人的画廊。画廊的面积只有七百多英尺，卖的都是些抽象派的作品，主角多数是人，正确一点说，是一些看来像人的人。

大嘴巴女人并没有特别注意我们，她正在向一双外籍男女介绍一幅画。俊朗少年沿一道旋转楼梯跑上阁楼。林方文说，大嘴巴女人住在画廊阁楼，可以想象，上面有一张很宽敞很凌乱的弹簧床，是大嘴巴女妖吸收少男精华的地方。

外籍男女并没有买画，离开的时候，那名外籍女子跟大嘴巴女人说：

"再见，费安娜。"

她的名字叫费安娜。油画上的签名也是费安娜。

画廊里只剩下我们，大嘴巴女人费安娜并没有理会我们，我们三个看来实在不像来买画。当费安娜在我身边走过的时候，她身上有一股很特别的味道，不像香水，也不像古龙水，是橄榄油的味道，还有一点儿松节水的味道。

我问迪之："你嗅到她身上的味道吗？"

"是她的内分泌吧？放荡的女人身上会有一股内分泌失调的味道。"

"胡说！那是画家的味道。"光蕙说，"颜料要用橄榄油调开，画笔要用松节水洗涤。"

"是，正是那种味道。"那种味道使她显得很特别。

"你怎么知道？"我问光蕙。

"孙维栋也画油画的。"

"离开吧，这里没有什么发现。"迪之说。

我在画廊的尽头看到一张画。一个少年站在一条空荡的街上，那个少年是林方文。

"什么？他是林方文？只有一只眼睛，没有嘴巴和鼻子，你也认出他是林方文？"她们不相信我。

"不像，不像林方文。"光蕙说。

"这个根本不像人，像头独角兽，你说这头独角兽是你的林方文？"迪之说。

她们凭什么跟我争论呢？当我第一眼看到那张油画时，我的心怦然一动，我意识到他的存在，他存在画中，存在画中那条空荡的街道上。虽然没有一张完整的脸，也没有完整的身体，却有林方文的神韵和他独有的、喜欢叫人失望的神情。恋人的感觉不会错。

“是他。我肯定这个是他。”我说。

迪之和光蕙还是不同意。

“这幅画要卖多少钱？”我问大嘴巴费安娜。

我要从她手上拿走这幅画，我不要让林方文留在那里。

“你疯了！你哪来这么多钱？”迪之跟我说。

大嘴巴女人走过来，看见我指着林方文的画，淡然说：

“这幅画不卖。”

“不卖？那为什么放在这里？”迪之跟她理论。

“不卖就是不卖。”

“要多少钱？”我问她。

“我说过不卖。”她回到沙发上，又拿起那个玻璃瓶大口地喝水。

她不肯卖，我无法强人所难，只好离开画廊。一条空荡的街上，只有林方文一个人，那是不是大嘴巴女人的内心世界？在她空虚的心里，来来去去，只有林方文一个人。她只怀念他，她对他，有特殊的感情，跟其他少年不同。他在她的生命里，不是过客，而是唯一可以停留的人。这个发现对我来说，太可怕了。

不久之后，在我兼职的杂志社，我再次见到大嘴巴费安娜。

费安娜穿着一条黑色的三宅一生裙子，好像穿上了一个麻包袋，只露出两只手和两条腿，益发显得像一个女巫，一个品味高雅的女巫。跟她一同出现的，还有一个外籍少年，约莫二十岁，有一双蓝宝石眼睛，脸上挂着开朗的笑容，人很活泼捣蛋。他来到杂志社后，便没有一刻安静下来，不是向女同事们扮鬼脸，就是一屁股坐在别人的办公桌上,拿起桌上的摆设装模作样研究一番。他长得迷人，女人们都舍不得骂他。男人长得好看，也占便宜。

费安娜身上仍然散发着那股橄榄油和松节水的味道。她望了我一眼，在认得和不认得之间，我低头继续校对，没有理会她，我并不希望她认得我。

她要找总编辑李盈，她们在房间里谈话。

摄影师阿钟来了。

“今天要拍照吗？”我问他。

“是的。替一个女画家拍照。”他说。

“是房间里的人吗？”我瞄瞄李盈的办公室。

“就是她，费安娜·罗。下一期的封面人物。”

“她有资格做封面人物吗？”我怀疑。

“当然有。她在巴黎艺术界的名气正在急升，巴黎的画廊都抢购她的画。她是天才，二十四岁已经在巴黎走红。一个中国女子，在巴黎走红，绝不简单啊。”

我一直以为，她只是一个卖画和画画的女人，凭着色相推销自己那些不怎么样的画。原来她已经那么出名了。我很难受，宁愿林方文曾经跟一个平凡女人交往,而不是跟一个那么出色和独特的女人相爱。我完全没有把握赢她。

我跟阿钟说：“你要不要人帮忙？”

“你对她也有兴趣？”他问我。

我点头。

“那你站在一旁好了。”他说。

费安娜带了几套衣服来拍照，都是三宅一生和川久保玲的。

对于衣服，她并不花心。外籍美少年在其中一些照片中出现。阿钟说，另一批照片会到她的画廊拍摄。

大嘴巴费安娜完全漠视镜头的存在，她挥洒自如，很有格调。经验丰富的阿钟也叹为观止。外籍美少年蹲在她跟前，像个渴求母爱的孩子。林方文是不是也曾经占据她跟前的位置。

我问阿钟："你喜欢这种女人吗？"

阿钟笑着说："她只喜欢少男，我太老了！这种女人，会吸干男人的血。"

拍照完毕，外籍少年替她收拾衣服，她上前谢谢阿钟。

"你很专业。"她对阿钟说。

"你也是。"阿钟说。

她突然望向我："你是不是来买画的那个女孩？"

我没想到原来她一直认得我。

"你好像对我很有兴趣。"她说，"可惜，可惜我对女人没有兴趣！"说罢笑了几声。

她竟然把我看作同性恋者！

李盈决定用阿钟在费安娜的画廊拍的照片做封面。费安娜坐在画廊中央，背景全是她的画。在最远处，她画的林方文也被摄在镜头内。

关于费安娜的身世，访问里说，她家境富裕，出身大家庭，有十六位兄弟姊妹，三位母亲，生母是侍妾，也是一位画家，不过所画的，是现实派油画。一位女画家，沦为别人的侍妾，也真是奇怪。费安娜与一群同父异母的兄弟姊妹关系冷淡。十七岁那年，她独自跑去巴黎，原因是为了追踪一个男孩。此后一直留在巴黎，两年前才回来。

不过，访问中最震撼的，是她坦言只喜欢少男：

“十六岁那年，便爱上一个只有十二岁的男孩子，他长得比我还要高，很好看，我把初吻给了他。”

“十七岁时，爱上了一个十四岁的男孩，他是法国人。他要跟随父母回国，我追踪去巴黎。第一次，便是跟他。”

“到了六十岁，还是只喜欢二十岁的少男。”

除了病态，我实在不懂得用什么形容词来形容她。

李盈问她为什么只喜欢少男，她说：

“我喜欢青春，青春的肉体，青春的脑袋。青春不是日出，不是花开，不是任性，是实实在在的、充满弹性的皮肤。”

我们争夺着新鲜出炉的杂志，费安娜实在惊世骇俗。女人说她可怕，男人说她性感，少男在议论他。迪之在电话里跟我说：

“真是病态！千年女妖！”

我拿了一本杂志给林方文，他看来没有什么特别的反应。我指着封面上费安娜身后那幅画，问他：“这个人是你吗？”

“这个人像我吗？”林方文反过来问我。

“很像你。”

他失笑：“这个人，只有一只眼睛，没有鼻子，没有嘴巴，也不知道是不是人，你还说像我？”

“你为什么不肯承认是你？”

“你为什么硬要我承认我是这头独角兽？”

“骗人！就凭恋人的感觉，我知道那个人是你。只有恋人，才能捕捉那种神韵，费安娜捕捉得到，我也能捕捉得到。”

他沉默，不再跟我抗辩：“你说是我便是我吧！”

他突然问我：“你看过那张画？”

“我在这个封面上看到。”我说谎。

“不！这个封面不可能看得这么清楚。你曾经跑上费安娜的画廊，对不对？”

“没有。”

“我说你有。”

“你为什么硬要说我有？”我问他。

“恋人的感觉。”他瞟我一眼。

我们两人都忍俊不禁。

“你好奇心太重了。”他望着我摇头。

“是的。我对你的好奇心特别重，尤其关于你的过去。你从来没有告诉我，你和费安娜的过去是怎样的？”我坐在他大腿上说。

“都已经过去了，你这么好奇，应该已经查过。”

“你也许是众多男孩中她最怀念的一个，所以她画你。”

“这是她的自由。”

“是要好的时候画的，还是分手后画的？”

“别问了。”

“答应我，不要再跟她见面。”

“已经没有见面了。”

“也不要到画廊外面偷看她。”

他点头，那是他第一次为我许下承诺。我突然明白，女人为什么总为男人的诺言着迷，因为诺言总是那么令人感动和软化。

不久之后，我碰到林方文的母亲。

那天晚上，我和林方文吃饭，庆祝他拿了稿酬。我们坐下不久，一双中年男女一同进来餐厅。女的大约有四十岁，留了及肩的大波浪曲发，化妆很浓，五官精致，眉毛很粗。和她一同来的男人，个子矮小，四十多岁，像个生意人。

中年女人看到我们，有些意外，她走上来，在林方文的肩膀上拍了两下，他看到她，脸色变得黑黑沉沉。

“有空回家走走，妈很久没有见过你了。你好像瘦了。”

林方文低头不语。

中年女人对着我微笑：“你们是朋友？”

“是的，伯母。”我说。

“大学的同学？”她亲切地问我。

“是的。”

林方文一直没有望她。

难怪中年女人的样子似曾相识，原来她是林方文的母亲。他们拥有几乎一模一样的眼睛和眉毛，只是他母亲的一双眼睛，比他多了很多水分，泛着一层光芒，使她看来很迷人。她便是林方文所说的，那位聪明、美丽、经营一间小舞厅的母亲。如果我知道那天会碰到她，我会穿得好一点，我常常觉得我不是可以让男朋友放心带回家见父母亲的女人，我不是一般父母所钟爱的端庄娴淑温文尔雅小鸟依人的女孩子。我爸爸常说我那么蛮横，只适宜嫁给父母双亡的男人。

尽管他母亲那样温柔地跟他说话，他都没有抬头望过她。他母亲很难堪，装满水的双眼仿佛要淌下一滴眼泪。

她跟身后的中年男人说：“我们去另一个地方。”

然后她跟我说：“有时间来我们家玩，再见。”

“再见，伯母。”

“她走了。”我跟林方文说。

“嗯。”

“她好像很难过。”

他冷笑。

“跟她在一起的那个男人，是不是长得很矮的？”他问我。

“是的。”

他又在冷笑，笑得很苦涩。

“我们走吧。”

离开餐厅，我一直默默走在他身边，不知道该说什么。

“你回去吧。”他跟我说。

“你要去哪里？”

“别理我！”他叱喝。

“不。我要和你一起。”

他撇下我，走进人群里，我追不上。

我一个人在街上，很失意。如果一个女人无法在一个男人失意的时候留在他身边，她的爱情还值多少分？

也许，也许他跑回宿舍去了，正忧伤地吹奏他父亲留下的口琴。我到了宿舍，他却不在那里。我在房间里等他，他始终会回来的，我希望他回来的时候，会看到我，那是我唯一能为他做的事。

电台播放着他的新歌，是林正平唱的：

> 也许，我们都走倦了，
> 都回到尘世的台上，扮两个过路的人，
> 相遇而不相识，相见而无说话，

重新排演，离离合合的身世……

听到歌词，我很吃惊，为什么他好像已经预知今天晚上的见面？“相遇而不相识，相见而无说话”正是他和母亲的写照。他在某个角落里，会不会也听到这首歌？

他会不会去了费安娜那里？他失意的时候，到她那里寻求慰藉。她能像母亲那样抚慰他。

是恋人的感觉告诉我，他在费安娜那里。已经是深夜十二时，星期五晚上的兰桂坊，灯红酒绿，男女在街上调笑，我跑上那间可以看到画廊的酒吧。画廊里面没有人，楼上有灯光，那是费安娜的寝室。我看到她的影子在屋里走动，好像正在跟一个人说话，我看不到那个人。

那个人突然出现在窗前，一瞬间倒在费安娜的怀抱里，似乎在哭泣。寝室的灯关掉，我什么也看不到。那是林方文，我认得他的影子。

我要在那里等他出现，我要亲眼看着他出来，我要等待那一幕，然后因为那一幕，永远恨他。

那个晚上很漫长。

天亮了，阳光映入费安娜的寝室，寝室里的男子，不是林方文，是我头一次在那里见过的那个少男。那么，林方文呢？

我跑回家，林方文在我家楼下等我。

“我在这里等了一个晚上，你去了哪里？”

他在寻找我。在他失意的时候，他最想我在他身边。我突然觉得自己很卑劣，我以为他需要费安娜，我没有想过，他需要的是我。是我辜负了他，连他的影子我都不认得。

“你去了哪里？”他问我。

“我去找你，恋人的感觉，第一次出错。”

“你以为我去了哪里？”

“我在宿舍等你。”我只交代了上半晚的事情。

“我该想到你在宿舍等我，我该回宿舍。”他很内疚。

他那样说，令我觉得自己更卑鄙。

“你第二次把我丢在街上了。”我说。

“我回来了。”他说。

“或许有一次，你不会再回来。”我说。

第三章 | 除夕之歌

林方文出道一年，第一次拿到属于他的版权费，是一笔可观的数目。

“你喜欢什么礼物？”他问我。

“不用送礼物给我。”我有点违心，我当然希望收到情人的礼物。

他凝视着我，像看穿我的心事：“你喜欢什么礼物，说吧。”

“你喜欢送什么礼物都好。”我诚恳地对他说。

我一直热切期待那份礼物，并且愈来愈相信，会是一枚指环。可是，我收到的，不是指环，而是一把小提琴。

“你为什么送小提琴给我？”我很奇怪。

“你拉小提琴的样子会很好看。”他说。

“但我不会拉小提琴。”

那是一把昂贵的小提琴，他送给我，却不理我管不管用，那是他送给我的第一份礼物，我舍不得浪费它。

“你认识教人拉小提琴的老师吗？”我问迪之。

“你想学小提琴？”她很惊讶。

“是的。”

她在电话那边笑了很久：“你学小提琴？你忘了你是五音不全的吗？你唱歌也走调。你知不知道小提琴是最容易走调的？”

我对着一面镜子，把小提琴搭在肩上，把弓放在琴弦上，像所有蜚声国际的小提琴家那样，拉得非常投入。

我拉小提琴的样子，真的好看？

迪之很快便替我找到一位小提琴老师。他有二十年教学经验，曾经教出一位年仅八岁的小提琴神童，很多人都慕名拜师。

小提琴老师姓杨，名韵乐。名字倒转来念，是“乐韵扬”，跟他的职业很配合。他长得比一个大提琴略为高一些，那也许是他只能拉小提琴的原因。虽然在自己家里上课，他仍然穿着整齐西装，举止优雅。他可能是一位美男子——二十年前。我敢肯定他戴了假发，我看不到他有明显的发线。他收取那么昂贵的学费，也不去造一个素质高一点的假发，太吝啬了。墙上挂满他与学生的合照，他的学生都是小孩子，我肯定是最老的一个。虽然在迪之面前充满自信，其实我一点信心都没有，我天生五音不全，以为自己一生跟音乐绝缘，却想不到竟然会为一个男人，学起乐器来。

等待的时候，杨韵乐的另一位学生来到，原来我不是最老的一个，那个男人接近三十岁，他戴着一副镜片很厚的眼镜，眼睛小得像两颗蚕豆，他最少有两千度近视。我们闲聊起来，我问他为什么来学小提琴，他说他跟朋友打赌，要在一年内学会一种乐器。

“在小提琴和二胡之间，我选择了学小提琴。”近视眼跟我说。我认为他作了明智的选择。他那个样子，如果拉起二胡来，会像失明人士。

“那你为什么学小提琴？”他问我。

“为了爱情。”我甜蜜地告诉一个陌生人。

第一节小提琴课正式开始，杨韵乐很仔细地审视我的小提琴。

“初学者用不着这么好的琴。”他非常惋惜，好像我会糟蹋这个琴。

“就是因为这个琴，我才来上课。”我说。

“好！现在我们开始第一课。我要先告诉你，我很严格，所谓严师出高徒。”

“我什么时候才可以学会拉一首歌？”那是我最关心的问题。

他脸色一沉：“我这里不是速成班。”

“你应该……”他说。

我把小提琴搭在肩上，准备跟着他的话去做：“我应该怎样？”

“你应该先交学费。”

是的，我忘了交学费。杨韵乐倒是一个十分市侩的音乐家。

“第一节课，我只教你拉空弦。你试试随便拉一下。”

我把弓放在琴弦上拉了一下，十分刺耳，我自己也给自己吓了一跳，杨韵乐却若无其事。他已经见惯这种场面。

“杨老师，我得先告诉你，我是五音不全的。”我跟他事先声明。

“二十年来，我教过无数学生，神童也教出几个，没有人难倒我。”他高傲地说。

第一节课，我学拉小提琴的基本动作。杨家课室的一面墙全镶上镜子，我看着自己拉小提琴的样子，想象有一天，我会和林方文来一个小提琴与口琴的情侣大合奏。

“你为什么来学小提琴？”他问我。

“为了爱情。”我说。

“好，这个动力非常好。如果没有被抛弃的话，你一定能学会。”他说。

“现在年轻人真幸福！”杨韵乐叹息，“可以为爱情学一件事情。那时，我为生活而学小提琴。”

“那好。生活是更好的动力。”我说，“如果没有死掉的话。”

我没有把学小提琴的事告诉林方文。我想给他一个意外惊喜。

第二节课，我开始学拉一首歌，是小学一年级时唱的“Twinkle Twinkle Little Star”。我依然走调得很厉害，令人毛骨悚然。

我天天躲在家里练习。

“你……你到底是否听到自己拉的每一个音符？”迪之问我。

“听不到。”我说，“我是音盲嘛！我只是牢记着手法，有点像操作一部机器。”

“你不应该叫作程韵，在你的细胞里，根本没有韵律。”光蕙说。

“你的牙医怎样？”我问光蕙。

“他很好，只是太缠，天天都要跟我见面。我考试温书，他也要坐在我旁边。”

“他爱你爱得厉害嘛。”我说。

“你跟他有没有做那件事？”迪之问她。

“没有！”光蕙郑重地说。

“你呢？”

“没有！”我说。

“你两个真是圣女贞德。”迪之说。

“你是色欲狂徒。”我们说。

“告诉你们一个好消息，我交上新男朋友。”迪之说，“他是飞车特技员。”

“飞车？”我骇然。

“是的。”她笑靥如花，“他随时会死。第一次见他，是在拍戏现场。他从熊熊烈火中走出来，那个场面真是壮丽。”

“好像拍电影。”光蕙说。

“是啊。事后说起，原来我们在那一刻同时都有感觉。我觉得他好像出生入死来见我一面。”

“开始了多久？”我问她。

“一个星期多一天。昨天刚好是我们相识一星期。”

“这次别冲动，看清楚对方才好。”我忠告她。害怕她又吃男人亏。

“我知道，你放心好了。别以为他做特技人便很粗鲁，他很细心的，这叫做铁汉柔情。”她抱着我的枕头陶醉得很淫荡。

“陶醉归陶醉，不要把唾液留在我的枕头上。”我提醒她。

“他叫什么名字？”光蕙问她。

“卫安。”

“听起来好像护卫员。”我说。

“他的驾驶技术十分好，他曾经在电影里飞越十八辆车。他告诉我，他最大的梦想是有一天能到内地去，飞越长城。”

“天方夜谭。”我说。

“也不一定没有可能的。”她为他辩护。

“你有没有想过，他的工作很危险，跟消防员、警察和杀手同列头号危险职业？”光蕙问她。

“最怕没有死掉，却残废了，要你照顾他。你知道吗？你绝对不是一个肯照顾残废的丈夫一生一世、无尤无怨的女人。你才没有那么情深义重。”我说。

“我就是喜欢他不能给我安全感。他随时会死掉，因此我们相处的每一刻都充满刺激，都害怕下一刻会成为永诀。每次他离开我身边，我觉得他又回到熊熊烈火里。我从来没有如此断肠地牵挂一个人。我喜欢那份随时会守寡的感觉。”

对于迪之的想法，我并不感到奇怪。她是一个走进游乐场，便第一时间查询“哪种机动游戏最危险？”然后立刻跑去玩那种游戏的人。

爱上邓初发，因为他是水上英雄，林正平更不用说，他是天王巨星。只有那个录音室技师是一个例外。那段日子，她太苦闷。

迪之的优点是义无反顾，缺点是经常失手。

“什么时候让我一睹你那位赛车英雄的风采呢？”我问迪之。

“马上可以！我叫他来接我，我们一起吃饭。”

卫安驾着他的黑色日本跑车准时来到。他给我的感觉像个穿上好衣服的流氓。

他似乎迫不及待要一显身手，汽车以时速一百八十公里行驶，我和光蕙紧紧抓着门柄，不敢说话，只有迪之还可以轻轻松松不停跟我说话。

“下个月一号便是金曲颁奖礼，《明天》已经肯定可以成为十大金曲。林放很有机会拿到最佳歌词奖呢，他有没有请你陪他出席颁奖礼？”

“没有听他提过。”

“你是他的女朋友，没理由不找你陪他呀！”迪之说。

终于到了目的地，我和光蕙松了一口气。

“我可不愿意跟你们一起殉情啊。”我对迪之说。

林方文的确没有跟我提过颁奖礼的事，他不会不打算和我一起出席吧？

那一年，我们三个好朋友同是光明正大谈恋爱，决定一起度除夕，地点我自私地选在卡萨布兰卡，我希望以后每一年的除夕，我和林方文都会在那里度过。

我提醒林方文：“这一次，你别再忘记。假使你忘了，送歌给我，我也不原谅你。”

他乖乖地没有忘记。迪之和卫安都穿了黑色皮夹克，十分相衬。光蕙和孙维栋一起来，孙维栋穿西装，光蕙穿了一袭隆重的长裙，把头发盘在脑后，看来很成熟。我和林方文便显得平凡了，不够新潮也不够隆重。

三个男人因为三个女人的缘故走在一起，他们其实并没有共同的话题。卫安不断说车子，他准备参加澳门格兰披治大赛。孙维栋纠正我们刷牙的方法。他的生活里，原来只有两件东西——牙齿和光蕙。林方文比较沉默，他的沉默在他们之间显得特别可爱。

还有十秒钟便是一九八八年，台上的歌星倒数十下。

“新年快乐！”我们六个人举杯祝愿。

“爱情永固。”迪之高呼。

“女人万岁！”卫安喊着。

“现在是新年，关女人什么事？”迪之笑着骂他。迪之总是爱上智商比她低的男人。

舞台上，一个肥胖的菲律宾女人在唱黑人怨曲，我和林方文在舞池中相拥，我却有难解的心事。还有十多个小时，便是金曲颁奖礼，他仍然没有邀请我一同出席，他也许不想在那个地方公开承认我是他的女朋友。

“明年除夕，我们还会在一起吗？”我问他。

“为什么不会？”他说。

我常常觉得两个人没有可能永远在一起，结合是例外，分开才是必然的。我们都是为终会分开而热烈相爱。

肥胖女人离开了舞台，一个小提琴手上台表演，琴音凄怨，并不适合那个晚上。

“这是《爱情万岁》。”林方文告诉我。

那一刻，我真想告诉他我正在偷偷地学小提琴，而且无数次想过放弃，我好想抱怨他送了一把小提琴给我，累我受了许多苦，然而，台上的人在拉奏《爱情万岁》，当爱情万岁，还有什么应该抱怨呢？

离开卡萨布兰卡，迪之提议去的士高，看见我和光蕙都没有表示出多大兴趣，她才机灵地说：“现在应该是二人世界的时候了，我们分道扬镳。林方文，明天要拿奖呀！我会来捧场！”迪之对林方文说。

我们坐在海边，等待一九八八年的日出，伴着我们的不是《明天》，而是沉默。

是我首先忍不住开口：“要不要我陪你去？”

他从口袋里拿出那部随身听，把耳筒挂在我的头上，是一首新歌。

如果情感和岁月也能轻轻撕碎，扔到海中，
那么，我愿意从此就在海底沉默。
你的言语，我爱听，却不懂得；
我的沉默，你愿见，却不明白……

“每年今日，我都会送一首歌给你。”他说。

我凝望着他，眼泪夺眶而出：“我真恨你。”

“为什么？”

“因为我再离不开你了。”

“女人真是奇怪。”他说。

“如果每年有一首歌，我的一生里，最多只可以得到六十首歌。”我说。

“也许是八十首。”他说。

我摇头：“没有可能的，我没有可能活到一百零一岁。”

原来穷我一生，顶多只能从他手上得到六十首歌，或许更少。那个数目，不过是五张镭射唱碟的容量。我们的爱情，只有五张镭射唱碟，太轻了。

“不。以后你写的歌，都要送给我。”

“贪婪！”他取笑我。

“今天晚上真的不用我陪你去？”我问他。

“我不想你和我一起面对失败。”

“我没想过你是个害怕失败的人。”我说。

“我是一个害怕失败，所以才努力的人。”

“你会赢的，我在家里等你。”

整件事情，本来是很好的，偏偏在下午，我接到迪之的电话，她告诉我，她有颁奖礼的门票。

“你要不要来？”

“不。我答应了在家等他。”

“怎比得上在现场亲眼看着他领奖好呢？”

“他不想我去。”

“你不要让他看见便行。如果他赢了，你马上就可以给他一个意外惊喜。七时整，我和卫安来接你。”

我不知道是否应该去，如果我在现场，可以与他分享胜利，也可以替他分忧，我还是去了。

我和迪之、卫安坐在场馆内第三十排。为了不让林方文看到我，我是在节目开始后才进场的。我在场内搜索林方文的背影，他坐在第六排，与几个填词人坐在一起。我们的距离是二十四排。

最佳歌词奖没有落在他手上，而是落在他身旁那位填词人手上。我没想到，他在跟那个人握手道贺时，会突然回头，而刚好与我四目交投。那一刹他很愕然，随即回转头，没有再望我。那二十四排的距离，突然好像拉得很远很远，把我们分开。他一定恨我看着他落败。

颁奖礼结束，他跟大伙儿离开，没有理我。

我觉得后悔，但于事无补。我在宿舍等他。他天亮之后才回来。

“对不起，我不该在那里出现。”我说。

“我们分手吧。”他低着头说。

“为什么？就因为昨晚的事？”我有些激动。

“不。”他说，“我没有介意你在那里出现。这件事不重要。”

“那是什么原因？”

“你需要大量爱情，而我也许无法提供。”

“我不明白你的意思。”

“跟你恋爱是一件很吃力的事。”

“吃力？”

我无法接受那个理由，我觉得很可笑。

那一刻，我很想扑在他怀里，求他收回他的话，然而，我做不到，我不可能连最后一点自尊也失去。我突然很恨他。有生以来，我第一次尝到被抛弃和拒绝的滋味。原来多少往日的温柔也无法弥补一次的伤害。

我坐在他的床上，号啕大哭，我想坚强一点，但办不到。

“不要这样。”他安慰我，他有点手足无措。

“除夕之歌的承诺，不会再实践了，是吗？”我问他。

他默然。

“我送你回家。”他说。

“不用，我自己会走。”我倔强地离开他的房间，也许从此不再回去。除夕之歌不过是偶然兑现的谎言。

那天晚上，是迪之和光蕙陪着我。

“幸而你还没有跟他上床，即使分开，也没有什么损失。”迪之说。

“不，我后悔没有跟他上床，如果这段情就这样结束，而我们从未有过那种关系，是一种遗憾。”

“我也这样想。”光蕙说，“好像当年我想和老文康在离别前发生关系一样。我们都是完美主义者。”

“如果在他的生命里，我是一个没有跟他上过床的女人，我害怕他不会怀念我。”我说。

“男人不一定怀念跟他上过床的女人。”迪之说，“难道林正平会怀念我吗？你们别那么天真。”

“我不了解他。我不知道自己做错些什么。”我说。

“谁叫你爱上才子，才子都是很难捉摸的呀。”迪之说，“不用这样悲观。也许过两天，他会找你。很少人可以一次分手成功的。”

有好几天，我没有上课，刻意避开他，愿望他会牵挂我，但已经五天了，他没有找我。

林方文也在回避我。分手后第十四天的黄昏，我们终于在校园遇上。

“你好吗？”他关切地问我。

我望着他，心头一酸，泪都涌出来。

他连忙安慰我：“别这样。”

“你是不是爱上了别人？”我问他。

他摇头。

“可不可以不分手。”我哀求他。

他默然不语。

我行使被抛弃的女孩的权利，使劲地将手上的书本、钱包……所有东西掷到地上。

他俯身要替我拾起地上的东西。

“你走！”我叱喝他。

“你走！”我再说一遍。

他走了。我蹲下来，收拾地上的东西。我的生命已经失去所有希望。

那天晚上，我继续到杨韵乐那儿学小提琴。本来是为了林方文才学小提琴，如今被抛弃了，应该放弃才对，可是，我舍不得放下他送给我的小提琴，它是我们之间仅余的一点联系。如果我们之间是一首歌，它便是余韵，是最凄怨的部分。

在杨韵乐那儿，我碰到近视眼。

“你学得怎么样？”他问我。

“很差劲。”

“我也是。”他说，“你不是为了爱情而学的吗？”

我苦笑。我想起杨韵乐第一天跟我说的话，他说，爱情是很好的动力，如果没有被抛弃的话。

杨韵乐教我拉一首小夜曲，我一向走调，那天心情又差劲，走调更厉害。

杨韵乐忍无可忍说：“你拉得很难听。”

我没有理会他，使劲地拉，发出非常刺耳的声音，杨韵乐瞠目结舌，近视眼用双手掩着耳朵。

我要虐待他们！我要向男人报复。

林方文在除夕送给我的歌《片段》已经流行起来，我常常在电台听到，歌词说：

> 如果情感和岁月也能轻轻撕碎，
> 扔到海中，
> 那么，我愿意，
> 从此就在海底沉默……

歌在空气中荡漾，我们却从此沉默。

他常常缺课，我不敢缺课，我望着课室门口，痴痴地希望他会出现。当他出现，我们却无话可说。我们已经分手四个星期，我体会到什么叫作度日如年。我继续学小提琴，用走调来虐待自己和杨韵乐，谁叫他是男人？他收了我的钱，被我虐待也很应该。

一天晚上，我接到迪之的电话，她在电话里哭得很厉害，我赶去看她。

迪之一个人在酒吧喝酒。

“什么事？”我问她。

“我要和卫安分手。”

我有些意外，却又无耻地有些开心，以后我不会再孤单，有迪之陪我。

“原来他有女朋友，而且是青梅竹马的女朋友，他们同居。”迪之说。

“你怎么知道？”

“我认识那个女人。她是我公司里的同事。”

“这么巧合？卫安真斗胆！”

“她是公关部的，我跟她不熟络，今天偶然一起吃午饭，她打开钱包拿钱，我无意中在她的钱包里看到卫安的照片。她告诉我，她的男朋友是特技人。刚才我质问卫安，他承认了。”

“你打算怎样？”

“我不会放手的。”

“你刚刚不是说要跟他分手吗？”

“我不甘心。”

“我爱卫安，卫安也爱我。他跟那个女人已经没有感情，不过是责任罢了。”

“他说的？”

“嗯。”

“你跟他一起只有三个月，他女朋友跟他青梅竹马。”

“爱情不能用时间衡量。”

“你总是喜欢向难度挑战。”

她倔强一笑：

“你跟林方文有机会复合吗？”

“不知道。”

“他是个怪人，爱上那个千年女妖也真够怪，对他来说，你也许太正常。”

我正常？我应该是正常的。想不到当一个人被抛弃，正常也是一种罪过。

迪之对卫安比以前更好，她想赢那场战争。做第三者和做寡妇都很凄美，她喜欢。那天跟他们喝下午茶，迪之看见一个很可爱的小女孩，便嚷着也要跟卫安生一个孩子。

“好呀，只要你喜欢。”卫安说。

“你说我跟卫安生一个女孩子叫什么名字好呢？”她问我。

“卫生巾。”我说。我巴不得捏死他俩。

跟他们分手后，我到杨韵乐那里学小提琴。我没有想过要虐待他，我用心地拉，想为我消逝的爱情尽最后的努力。但，我做不到，我根本不是那种材料。

杨韵乐深深地叹了一口气:“我宣布投降。我教学二十年，从未遇过像你这种无可救药的学生，你不正常。”

他说我不正常？迪之说我太正常。

我突然感到莫名的愤怒，我无法再勉强自己，也无力为爱情做些什么。我抱着小提琴，跑回大学，冲入林方文的房间，他刚好躺在床上，我把小提琴使劲地扔向墙上：“还给你！”

林方文很愕然。我意犹未尽，拿起小提琴，在他面前不停地拉。

“是不是很难听？”

我拉奏杨韵乐教我的《友谊万岁》，是最浅的一首曲，有三分之二的地方，我是走调的。

“《友谊万岁》？”他问我。

“真本事，就凭三分之一，你便听出这首歌。”我凄然苦笑：“为什么送一把小提琴给我？我学不成。”

“这只是一份礼物。”他说。

“是的。是我自作多情。”我把小提琴掷在地上，冲出他的房间。

我突然明白，他为什么说爱我是一件很吃力的事，我对他的要求太多。他并不是责怪我在颁奖礼出现，而是再一次明白，我不会给他自由。

把小提琴还给林方文的第二天，我接到韦丽丽的死讯。她在师范学院的运动会上，给一个掷铁饼女运动员掷出的一个强而有力的铁饼击中后脑，当场脑溢血，送到医院，经过一小时的抢救，终告不治。

除了叶青荷和刘欣平在外地不能回来之外，排球队的队员都来了。宋小绵实习的那间医院，正是丽丽被送进去的一间。她死了，也是小绵裹尸的。小绵说，丽丽后脑整块凹下去。

丽丽的母亲坐在灵堂上，神情木然，反而那个掷出铁饼误杀丽丽的庞然巨物哭得死去活来。

我没有想过在我们这个年纪已有人死。在我们追逐美好青春的时候，已经有人退出。她可以生病，可以发生交通意外，为什么竟会是一个铁饼那么荒谬？听说她被击中之前，刚刚在颁奖台上拿了女子四百米个人冠军，离开颁奖台不久便遇害，死得那么突然，她死时的表情一定还很高兴。

丽丽的遗体下葬在华人永远坟场，丽丽母亲选了丽丽一直保留着的保中女排的球衣和一个排球陪葬，我们在排球上签名。我看着躺着丽丽尸体的棺木埋在黄土里，第一次觉得与死亡如此接近。丽丽唯一的亲人是她的母亲，我没有见过她父亲，我想起她家里连一点属于男人的东西都没有，也许她从未见过生父，却已经回到尘土里。

我和迪之、光蕙在一起，我们都很害怕。一个曾经和我们很接近的人突然死了，感觉很可怕。

“我不敢回家。”迪之说。

“我想起那个染血的铁饼便会做噩梦。”光蕙说。

“生命很脆弱的。”我说，“人那么聪明，却敌不过一块铁。”

“所以要爱便尽情去爱。”迪之说。

“是的，即使错了又何妨？”光蕙说。

丽丽的死，在我们心里造成了一个很大的震撼，整个晚上，我们只说过几句话。生命无常，迪之赶去见卫安，光蕙要找孙维栋陪她，我突然很想见林方文，很想很想留在最喜欢的人身旁，寻求一点安慰。有一天，死亡会将我们分开。

我穿过宿舍长廊，轻轻敲他的房门。

林方文来开门，我望着他，不知怎样开口，他望着我，目光温柔，我扑到他的怀中，紧紧地拥着他。有一天，死亡会将我们分开。

"韦丽丽死了。"我呜咽，"她在运动会上给一个铁饼打中后脑。"

"我从报纸上知道。"他说。

"我很害怕。"

他把我抱得紧紧，给我温暖，我突然觉得，他又回到我身边了。

"我很挂念你！"我对他说。

"我也是。"他说。

我喜出望外，在他怀里痛哭。

"别哭。"他把我抱得更紧。

"你不是已经不爱我了吗？"我问他。

"我从来没有这样说过。"

"你也从来没有说过爱我。"我说。

他吻我，我抱着他的头，不肯让他的舌头离开我的口腔。他把我拉到床上，我一直闭着眼，不敢睁开眼睛看他。他脱去我的衣服，我后悔没有穿上新的胸罩，而且胸罩的款式和内裤并不配衬。如果预知那个场面，我会穿得好一点。

那一刻正是晚上十一时五十五分，电台刚好播放林方文在一九八六年除夕送给我的《明天》：

因为你，我甘愿冒这一次险，即使没有明天……

第一次经历很蹩脚，并没有成功。迪之说她跟邓初发试了很多次才成功。我和林方文看来都是失败者，我们终于忍不住在床上大笑起来。

我想起那个小提琴，那天，我把它掷在地上。

“小提琴呢？”

“烂了。”他说。

“能修补吗？”

“形状都变了，无法修补。”

“烂了也还给我。”

“不能拉的小提琴有什么用？”

“纪念。纪念一次分手。”我说。

“我已经把它扔掉了。”

我很懊悔，我喜欢那一把小提琴。

我把我和林方文复合的事告诉迪之。

“唉！”她叹气，“你有被同一个人抛弃多一次的危险。”

“才不是呢！我是特意跟他重修旧好，然后再由我向他提出分手。”

“真的？”

“我真的有这样想过。我想，我无论如何要跟他和好，然后主动提出分手。首先提出分手的那一个人，一定会比较好受。”我说。

“当然啦！我向邓初发提出分手的时候，心里只是难过了一阵子。被人抛弃的话，即使不太爱他，还是会很伤心的。所以，我以后要做首先宣布退出的那一个。”迪之说。

吃过午饭后，我跟迪之去逛公司。我想起昨天所穿的胸罩令我有点尴尬，决定要买一些新的。

“我想买胸罩。”我说。

迪之不怀好意地望着我。

“干吗这样望着我？”

“你是不是跟林方文上了床？”

“还没有成功。”我说。

“猜中了！”她淫笑，“女人不会无缘无故买新胸罩的，一定是想穿给男朋友看。”

“没有男朋友也要用胸罩呀。”

“没有男朋友的话，只穿给自己看，不会那么讲究的。”她随手拿起一个透视胸罩给我，“这个很性感，一定迷死人。”

“太暴露。”

“不暴露有什么意思？”她又拿起一个白色蕾丝胸罩，“这个吧！纯情中带点性感。”

“这个扣子在前面。”我说。

“扣子在前面最好。”她又淫笑，“他要在前面解开扣子，肯定令他心跳加速，卫安最喜欢。”

“既然卫安喜欢，你买吧！”我跟迪之说，“我喜欢款式简单的。”

“女人的内衣本来就是穿给男人看的。”迪之说。

我们在试衣室一起试胸罩。

“你打算继续做第三者吗？”我问她。

“当然不是，他会跟她分手的，他要我给他时间，你以为我喜欢做第三者吗？每次和我上床之后，他都要回到那个女人身边，我觉得很痛苦，我曾经想死。”

“你别做傻事。”

“我想想罢了，我可没有这种勇气。我现在想到更积极的方法。”

“什么方法？”

“我要他每天和我上床，把他弄得精疲力竭，他回到那个女人身边，已经什么都不能做了。”

我们背对背，笑得蹲在地上。

我穿了一个白色棉的胸罩站起来。

“这个好看吗？”我问她。

她用手指在我乳房上按了几下，说“很有弹力，不错，不错。”

“我是说我的胸罩，不是胸部。”我也用手指在她的乳房上大力按了几下，“不错，不错，弹性很好。”

我仔细端详镜子里的迪之，她的乳房丰满，尺码是34C，腰肢纤细，臀部浑圆，双腿修长，果然迷人，我也看得有点心动。

“你的身材很迷人。”我说。

她突然有些伤感：“这是男人喜欢我的原因吗？”

我怜惜地望着她：“不，你是一个好女孩。”

“是吗？连我自己都怀疑，我已经跟四个男人上过床了。”

“所有为爱而做的事，都不是坏事。”我说。

几天后的一个晚上，林方文约我在宿舍见面。在走廊上，我听到幽怨的小提琴音乐，是从他的房间里传出来的。他说小提琴烂了，原来是骗我的。他一直没有告诉我，他会拉小提琴。

我推开房门，看见他陶醉地拉着小提琴，他含笑望着我，当他放手，我仍然听到小提琴的声音，原来书桌上放着一个大概一英尺高的瓷像老人。老人头发斑白，心事满怀，肩上搭着一把小提琴，手上拿着弓，弓在琴弦上拉动，发出幽怨的琴音。

“好漂亮！”

“这把小提琴无法修补，唯有送一个音乐盒给你，它是不会走调的。不要再摔烂。这是纪念我们没有分手的。”

“你在什么地方买的？”

“古董店。你认得这首歌吗？”

我觉得似曾相识。

“除夕晚上我们在卡萨布兰卡听过的。”

“《爱情万岁》？”

“艾尔加在一八八八年，写这首歌送给他的未婚妻作为订婚礼物。”

“一八八八年，正好是一百年前。”

“我们正在聆听一百年前一对恋人的山盟海誓。”林方文说。

“如果小提琴家还在世，该比这个瓷像老人更老。”

“已经老得不能拉小提琴了。”

“当我们也这么老了，会做些什么事？”我问他。

“我仍然为你写除夕之歌。”

他解开我衣服的纽扣，把我抱到床上，试图从后面解开我的胸罩，但胸罩的扣子其实在前面，在那个时刻，我不好意思主动告诉他扣子在前面，只期望他会发现。他终于发现了，但几经努力还是解不开扣子，都是迪之不好，说什么扣子在前面最性感，弄得我闭上眼睛不敢望他，怕他因为自己的笨拙而尴尬。“啪”的一声，他终于成功解开扣子，脸贴着我的乳房，我们以相同的频率呼吸和摆动身体。

然后我们相拥而睡，我觉得我好像完成了一件很伟大的事，觉得有点失落，却开始怀疑，我是否做对了。

他送我回家，回家路上，他一直牵着我的手。他走了，我在床上想起一百年前的海誓山盟；他没有告诉我，小提琴家和他的未婚妻是否一起终老。

第二天，我告诉迪之，我做了那件事。

“真的？”她好像比我还要兴奋。

“我突然很想避开他。”

“女人有第一次事后抑郁症很正常。”迪之说，“到了第二次、第三次之后，你便不会这样。”

我不知道他爱我，因此跟我上床，还是单纯爱我的肉体。

晚上，接到林方文的电话。

“你去按音乐盒的开关。”他说。

我照着他的话做了，瓷像老人拉奏《爱情万岁》，电话那边，林方文用口琴和音。

我抱着电话，身体渐渐失去平衡，从床沿滑落到地上。

“你爱我吗？”我问他。

他在电话那边吻我。

在蒸气浴室里，迪之望望我，然后望望光蕙，用脚踢了她的脚一下。

“现在只欠你一个。”

"什么只欠我一个？"光蕙问她。

"你还没有跟孙维栋干那件事。"

"我不急你急？"

"他是不是信教的？反对婚前性行为。"迪之问她。

"不是。"光蕙说。

"没可能啊，除非他性无能。"迪之说。

"你去试试他。"光蕙说。

我和光蕙笑得喘不过气来。

"这种话你也能说出口？"迪之骂她。

"你不相信这个世界有柏拉图式的恋爱的吗？"我问迪之。

"有！一个性冷感的女人跟一个性无能的男人，就是柏拉图式恋爱。连你程韵都不可能啦！对不对？"迪之说。

"孙维栋的样子不像性无能。"我说。

"单看样子怎么知道？要脱掉裤子才知道。"迪之说。

"女色魔！"我们骂她，合力扯掉她身上的大毛巾。

"他是医生，医生都比较保守。"我说。

"医生又不是圣人。"迪之说。

"你的卫安一定很……很厉害吧？"光蕙问迪之，她在还击她。

"他嘛……"迪之淫笑，"他是特技人嘛，当然比普通男人厉害。"

"难道他会在床上表演特技？"我取笑她。

"糟了！我今天忘了吃避孕药。"

"避孕药？你吃避孕药？"我们惊讶。

我没想到迪之已经开始吃避孕药。

“上个月才开始吃的。”她说。

“听说吃避孕药有很多副作用，譬如痴肥。”光蕙说。

“我没有痴肥啊！”迪之说，“副作用倒是有的，我的乳房比以前丰满。”

“谁教你吃避孕药的？”我问她。

“卫安教的，避孕药其实是保障自己，你要不要吃？”

“不。我觉得吃避孕药好像是为上床做准备，做这种准备似乎太刻意。”

“你每次都没有做准备？”她惊讶地问我。

“不，我不是这个意思。”

其实，我的意思是我不想做一个随时预备交配的女人，但那样说，可能会伤害迪之，所以我不想解释。我以为性不是一段爱情主要的目的。

“我想开一个小型生日会。”从蒸气浴室出来的时候，迪之跟我们说。

“几天前，我才发现我这么大个人从来没有开过生日会。我很想有一个生日会，而且今年的生日有特别意义。”

“为什么？”我问她。

“他答应我，在我生日之前，他会跟她分手。所以，我要开一个生日会，庆祝他完全属于我。”

迪之的生日会在一家的士高里举行，她穿了一条红色紧身迷你裙，身段迷人，她的胸部果然比以前丰满，她也许不会放弃吃避孕药了。卫安以男主人的身份出现。光蕙和孙维栋一起来，我则是单人匹马，林方文不喜欢这种场合，我已习以为常，替他找个借口开脱。小绵也来了，上一次我们见面，是在丽丽的葬礼上，愁苦又变成欢乐。

跳舞时，迪之高声在我耳边说："卫安跟那个女人分手了。"

"真的？"

"别忘了我给他的最后限期是今天。"她露出胜利的微笑。

她快乐地搂着我和光蕙一起跳贴身舞。虽然我不认为卫安是一个好男人，然而，看到迪之竟然胜出，我为她高兴。当我们不再年轻，便不再容易在爱情游戏中胜出。

迪之的生日蛋糕很漂亮，是一座迪士尼堡垒。堡垒内，有白雪公主和米奇老鼠。

迪之依偎着卫安说："我舍不得把它切开。"

就在那个时候，一个穿着黑色衬衫和宽裤子、身材娇小、头发凌乱的女人走进来，突然一手插在蛋糕上，迪士尼堡垒倒塌了，白雪公主和米奇老鼠也倒下了。

卫安捉住她的手，骂她："你疯了？"

那个女人用力挣脱，手上的奶油泼到迪之的脸上，卫安双手也沾满了奶油。

"我不要你理我！"那个女人向卫安咆哮。

"你不是已经跟她分手了吗？"迪之质问卫安。

卫安强行把那个疯癫的女人拖出去，那个女人回头向迪之说："他不会跟我分手的，他玩弄你罢了！"

我替迪之抹去脸上的奶油，她拿起一瓶白葡萄酒高叫：

"喝酒！谁跟我喝酒？"

"别喝！"我说。

"我跟你喝！"光蕙拿来酒杯。

“果然是我的好朋友！”迪之拥着光蕙，两个人碰杯。

我和孙维栋面面相觑，光蕙发什么神经，竟陪她喝酒？

孙维栋制止光蕙：“好了，不要再喝。”

光蕙甩开他：“别理我！今天晚上我要陪迪之，你先回去。”

“我要喝白兰地！”迪之说。

“我陪你喝！”光蕙说。

孙维栋站在那里，很尴尬。

“你先走吧，这里有我，我们今天晚上要陪着迪之。”我跟他说。

“好吧，那我先走。”

小绵要回医院值班，其他人都先后离开，卫安一直没有回来，他大抵仍然跟那个女人纠缠。我觉得那个女人很可怜，她看来差不多二十八九岁，样子不是很漂亮，跟了一个男人十多年，他移情别恋，她便落得这个田地。她付不起失去他的代价。连失去卫安的代价也付不起，实在可怜。

迪之想吐，连忙冲进洗手间，她在里面吐了一地，光蕙吐在我的身上。

“男人都不是好东西！”迪之哭着说。

光蕙向我惨笑：“孙维栋是性无能的。”

我着实很震撼，我从来没有想过会有男人是性无能的。本来一连串关于性的问题，该由迪之来发问，但她已经醉得不省人事。

“你怎么肯定？”

“我们不是一直没有发生关系，是一直以来他都无法做到。起初他说因为紧张，后来我发现根本不是那回事。”

“他有没有看过医生？”

“这是男人的自尊，不能问他。”光蕙说，“我在他家里发现过一些药物，但装着不知道。”

我不知道说什么好。

她苦笑：“我早就应该知道，这么好的男人，不会轮到我，除非他有问题。”

“你打算怎样？”

“如果我真的喜欢他，也许不会介意，但，我并不是我自己所以为的那么喜欢他。”

“我一直以为你喜欢他。”

“我喜欢他，是因为他是医生。我比迪之虚荣很多。我不断说服自己，我喜欢他，不是因为他是医生，但，我愈来愈无法忍受不断听他说牙齿和他的病人。如果他不是医生，不是有很好的收入，我一定会离开他。从小我妈妈便跟我说，不要嫁给没有钱的男人。但，钱却买不到快乐。”

我突然很想告诉光蕙，其实我也很虚荣，只是我们三个人的虚荣不同。迪之要一个令她觉得威风的男人，我要一个才情横溢的男人，才气也是一种虚荣。

“如果不喜欢他，干脆跟他分手吧。”

“我怎样才可以令他相信，我跟他分手，不是因为他性无能，而是我们合不来？”光蕙说，“无论怎样解释，他也不会相信，我觉得这样做很残忍。”

当时的处境很荒谬，迪之挨在马桶旁边，语无伦次，光蕙告诉我她没有爱过孙维栋，而我忙于清洁她俩吐在我身上的秽物。不久之前，我们还在蒸气浴室里，快乐地谈论我们的男人。

“程韵，带我离开这里，我不要看到卫安回来。”迪之说。

我正担心卫安不回来，我如何带她们离开。现在只剩下一个办法，就是找林方文来。

林方文答应马上来。我首先把她们两个从洗手间抬出来，再分别抬到我们刚才开生日会的房间里。卫安跟的士高的人很熟络，生日会的开支，他们会把账单交给他。迪之很慷慨地拿了五百元派给递上热毛巾给我们的侍应。

光蕙依偎在我身上，迪之紧紧抱着我，我抱着她们，想起那些没有爱情的日子，原来是最无忧无虑的。等林方文来的时候，我喝了一点酒。我也许是三个人之中最幸运的一个，林方文没有青梅竹马的女朋友，也不是性无能。

他来了，看见我脸上的红晕，问我：“你也喝了酒？”

“我陪她们喝的。”

他扶起迪之。

“我们去哪里？”我问他。

“送她们回家。”

“我不回家。”迪之紧紧地捉着林方文。

我扶着光蕙，他扶着迪之，到的士高对面的酒店，要了一个房间安顿她们。

迪之依偎在林方文的怀里，他们两个，看来像一对情人，我突然很嫉妒，但又觉得不应该嫉妒。迪之是我可怜的好朋友，我该借一点温暖给她。

林方文把迪之放在床上，我把光蕙放在她旁边，让她两个相拥而睡好了。

“为了什么事？”林方文问我。

“男人！”我倒在床上。

他躺在我身边，捏着我的手，我问他：“我是不是最幸福的一个？”

他轻轻扫扫我的脸颊，我在他身边迷迷糊糊睡着了。

第二天清早，迪之的传呼机响起，把我们吵醒。

“卫安传呼我。”她说。

“你再找他，我便不理你。”我跟她说。

“我要见他一次。”

她叫卫安到酒店接她，真是死心不息。

我们把光蕙送上计程车，她和孙维栋之间的事，谁也帮不上忙。

当天晚上，我接到迪之的电话。

“我把车冲上人行道，撞倒一棵大树。”

“你有没有受伤？”我吓了一跳。

“没有。卫安的车头全毁掉，他给我吓得魂飞魄散，我故意的。”

“你知不知道这样很危险，可能会死的？”我斥责她。

“那一刻，我倒想跟他一起死。但，从警察局回来，我不断想起他的脸，他算什么？我会蠢到为他死？”

“你总算想通了。”

“昨天我醉了，光蕙到底发生什么事？”

“孙维栋是性无能的。”

迪之在电话那边大笑：“我猜中了！稍为好一点的男人，却是性无能，真好笑。”

迪之失恋，我好不到哪里，她整天缠着我和林方文。

那天晚上，我和林方文陪她吃过晚饭，她又缠着要我们陪她去的士高。我和林方文都不爱跳舞，她自己在舞池上跳了一会儿，有几个男人跟她搭讪，她回来跟我说：

“借你的男朋友给我好吗？”

“你拿去吧。”我说。

她拉着林方文的手，把他带到舞池上，双手放在他的脖子后面，脸贴着他的肩膀，身体贴着他的身体，她把他当作她的男人，我开始妒忌。

三首慢歌之后，换了一首快歌，迪之拉着林方文的手，把他带回来：“这个男人还给你。”

“你可以为我写一首歌吗？”她问林方文，“你不是每年除夕都为程韵写一首歌的吗？”

我觉得她有点儿过分。

林方文笑着没有回答。

“你的福气比我好。”她苦涩地笑，然后独个儿回到舞池上。

我和林方文相对无言，那一夜开始，我知道迪之对林方文有不寻常的感情。

几个星期后的一天晚上，我跟同学在大会堂看话剧，散场后，碰到卖番薯的小贩，我买了三个，放在大衣里保温，拿去给林方文，我想给他一点温暖。

到了宿舍，我发现迪之竟然在他的房间里，她坐在他的床上吃蛋糕。迪之看见我，连忙站起来跟我说：

“我经过饼店，看见还有一个芝士蛋糕，立刻买来跟你们一起吃，我以为你也在这里呢。”

“我去看话剧。”我绷着脸说，“我买了烤番薯。”我从大衣里拿出三个热烘烘的番薯放在桌上。

“真好！一直想吃烤番薯。”迪之把那个芝士蛋糕推到一旁，“还暖呢，我拿一个回家吃，可以吗？”

“随便你。”我冷冷地说。

“谢谢，我走了，再见。”她在我身边走过，没有望我。

“芝士蛋糕好吃吗？”我问林方文。

他望着我，说：“她是你的好朋友。”

“正因为迪之是我的好朋友，我才了解她，她想找一个男人报复。”

“你以为我会吗？”林方文问我。

我跑去追迪之。

“迪之！”我在后面叫住她。

她回头看我的时候，正流着泪。

“对不起，我不是故意的。”她啜泣。

“对不起。”我说。

“我很孤独。”她流着泪说。

“我明白。”

“我跟林方文之间没有事情发生。”她说。

“别傻，我相信你。到目前为止，他还是一个好男人，不要找他做报复对象，好不好？”我也忍不住流泪。

“我不想的。”她说，“我恨男人。”

“我知道。”

“我没事了，你回去吧。”迪之说。

“不，我跟你一起走，我们住得很近的，你忘了吗？我们很久没有一起回家了，你在这里等我，我进去拿书包。”

“迪之怎么样？”林方文问我。

“如果不是先遇上我，你会喜欢她吗？”我问他。

他失笑。

“答我。”我说。

“不会。”

“真的。”

“早知道你不会相信。”

“我陪迪之回去。”我跟他吻别。

那一夜很冷，迪之没有穿上大衣，我让她躲在我的大衣里。

“我暂时借温暖给你。”我说。

“比不上男人的体温。”她说。

“死性不改。”我骂她。

迪之拿了一个星期假期，去南丫岛住。每次被男人伤害之后，她便跑去找邓初发，邓初发是她的庇护所。

光蕙约我吃饭，没想到她把孙维栋也带来。她对孙维栋的态度和以前有很大分别，她对他呼呼喝喝，他跟她说话，她摆出一副厌烦的样子，孙维栋却逆来顺受。

在洗手间里，我问她：“你不是说要跟他分手的吗？”

“说过了，他在我面前哭，求我不要离开他。”

“如果你不喜欢他，为什么还要拖泥带水呢？”

“我寂寞。”

寂寞最霸道，可以成为伤害任何人的借口。一个男人，泥足深陷地爱上一个不爱他的女人，注定要放弃自尊。

“如果我找到另一个男人，我便会跟他分手。”光蕙说。

“你这样是精神虐待他。”

“没办法，是他自愿的。”

我跟他们分手的时候，孙维栋找到一个机会紧紧握着光蕙的手，可以握到了，便好像很快乐。光蕙的脸，却没有任何表情。他愈着紧她，她愈厌弃他。

迪之从南丫岛打电话给我，她说天天在岛上晒太阳。

“邓初发好吗？”

“好！他看见我便开心。”

邓初发和孙维栋真是一对难兄难弟！邓初发已经康复过来，但迪之是他心里的一条刺，常常刺痛他，他却舍不得拔掉。孙维栋还在苦海浮沉，拿着一根钉不断刺向自己胸口。谁叫他们爱上害怕寂寞的女人？

林正平唱红了林方文的歌，林方文的歌也令林正平更红。林正平很喜欢他，想把他据为己有，于是提出成立一间制作室。他是大股东，小股东除了林方文之外，还包括林正平的唱片监制——一个有严重黑眼圈的同性恋者，还有林正平的经理人邱正立，他以前是弹钢琴的，据说他也是男同性恋者。

这间由四个股东组成的制作室，有两个是同性恋者。据迪之说，林正平偶然也玩玩男人，那么，林方文是唯一一个绝对的异性恋者了。我真怕他受不住那份阴阳怪气。

“放心，我不会变成同性恋的，我只喜欢女人。”林方文跟我说。

“我怕你一个敌不过他们三个。”我笑着说。

“他们都是很有才华的人，我喜欢跟有才华的人合作。”

制作室的工作很忙，许多时他都无法上课，我只好替他做功课。我见他的时间也愈来愈少，那个有严重黑眼圈的唱片监制晨昏颠倒，爱拉着林方文在晚上工作。好不容易他坐下来跟我吃饭，他们却不断传呼他去喝酒，他们好像想跟我争男朋友。

“你已经很久没有上课了。”我跟林方文说，“再这样下去，他们会逼你退学。”

“必要时便退学。”他说。

还有一个月便是学期终结的考试。这一个学期，林方文差不多完全没有上课，我只好替他做一份笔记。那天傍晚，我到林方文的宿舍放下笔记，他的母亲坐在房间里，她看见我，站起来亲切地对着我微笑。她的端庄，完全不像一个经营小舞厅的女子。

“伯母，你等林方文？”

“是呀，我刚从台湾回来，买了一盒凤梨酥给他。这种凤梨酥他最喜欢吃的，他爸爸以前行船到台湾也买过给他。”

“他可能很晚才回来。”我说。

“他很忙吧？要工作又要读书。”

“他跟朋友成立了一间制作室。”

“我还没有请教你的姓名呢？”

“伯母，我叫程韵。”

“程小姐。”

“伯母，叫我程韵可以了。”

她拿起一块凤梨酥：“来，你尝一块。”

“不。我等林方文回来一起吃。”

“好的。”她拿起林方文放在床上的那支乐风牌口琴，“这支口琴是他爸爸的，他还舍不得丢掉。”

“他很喜欢这支口琴。”

“他爸爸是行船的，我曾经跟着他上船生活了四十五天。那时，我们新婚不久，他在甲板上为我吹奏口琴，还自己作了一首歌呢！”她笑着，“他哪里会作歌。”

她哼了一段不知名的音乐给我听，大抵那就是林方文爸爸在甲板上作的一首歌。

她拉着我的手，哼着那段歌，跳起舞来。

“我们在甲板上跳舞。”她怀念着。

她的舞跳得很好，我很笨拙，她把我当作她的亡夫，回忆他留给她最浪漫的时光。她眼里并没有泪，往事的伤痛，只留在心上。

“林方文的音乐细胞也许是他父亲遗传给他的。”她说。

“可能是的。”我说。

“他写的每一首词，我都常常听，他是个很有才气的男孩子。”她流露着母亲的自豪。

“是的。”我同意。

“他小时最爱折飞机，我以为他长大后会做飞机师，没想到他当上填词人。这么晚了，我不等他了。”她站起来。

“伯母，你再等一会儿，他会回来的，我传呼他。”

“不，不要打扰他工作。你叫他要用心读书，不要忙坏身体。”

我目送她上了一辆计程车，她亲切地握着我的手说再会。如果她愿意离开那个中年男子，林方文也许会原谅她，可是，谁伴她度余生呢？她太寂寞了。

我在宿舍睡着了，林方文回来，把我唤醒，已是深夜。

“你回来了，你妈妈来过。”

“嗯！”他温煦的脸突然变得很冷淡。

“她刚从台湾回来，买了一盒你最喜欢的凤梨酥给你。她等你等了很久。”

他并没有热情地捧起那盒凤梨酥，他是故意跟他母亲作对。

“她叫你用心读书。我替你做了一份笔记。答应我，你会来考试。”

他点头。

可是，那一天，他没有出现。

考完试后，我冲上录音室找他。

“你为什么不去考试？”

“我走不开。”他说。

“你答应过我的。”

“你先让我写完这段歌词好不好？”

黑眼圈老妖露出一副幸灾乐祸的表情。

“我在这里等你，直到你回去考试为止。”我坐在录音室外面，我要和他比耐性。

他没有理会我。到了午夜，歌还没有录完，我在那里坚持着，连一个呵欠都不敢打。黑眼圈老妖叫人买了消夜，林方文递上一碗热腾腾的粥给我。

“我不回去考试了，你走吧！”他说。

“还有一年便毕业，你现在才放弃？”我很失望。

“是否大学毕业并不重要。”他说。

“因为你妈妈特别叮嘱你要用心读书，所以你偏偏要放弃，对不对？”我质问他。

“别乱猜，只是突然不想念书。”

教务处要林方文决定退学还是留级，他没有答复便搬离宿舍。黑眼圈老妖替他在尖沙咀找到一所旧房子，租金三千多元，家具齐备，有一个仅容两个人站着的小阳台，可以俯瞰尖沙咀最繁盛的十字路口。

新屋入住的第一天，我们都累得要命，只吃盒饭庆祝。

“我一直憧憬着我们一起行毕业礼。”我跟他说。

“我会出席你的毕业礼。”他握着我的手说，“我会送你一束百合。”

还有一年才毕业，林方文离开校园，离开我的视线更远，一切会安好吗？

第四章 | 空中的思念

学校开始放暑假，我在杂志社已不需做校对，他们让我做人物专访，李盈建议我访问林放。

“他是很多女性心目中的才子。”她说。

杂志社的人并不知道林方文是我的男朋友。

访问在林方文的家里进行，只有我和他。

“你要把我当作访问你的人，老老实实地回答我的问题。”我跟他说。

他把腿搁在我的腿上，我推开他：“请你不要性骚扰女记者。”

“你最喜欢的歌词是哪一首？”我问他。

“《人间》。”

“有几多首歌，我一生能为你唱，从相遇的那一天，那些少年的岁月……”我念给他听。

他点头。

“这首歌是写给谁的？”我认为是写给大嘴巴费安娜的。

他望着我良久，答：“一个女人。”

“谁？”

“已经不重要。”

“你有为其他女人写歌吗？”

“我答应了一个女人，每年除夕送一首歌给她。”

“会做得到吗？”

“尽力而为。”

“到目前为止，你有没有最爱的女人？”

“这个问题一定要答吗？”

“是的。很多人都关心你的爱情，因为你的情歌很动听。”

“最爱的女人？”他感到惆怅。

我咬着牙，望着他，期待答案。

“我会在某一分钟内很爱一个女人，但这种感觉未必会持续。”

我的心突然下沉，我不知道应该为他向我说真话而高兴，还是为那句真话而伤心。

我完成了访问，杂志社的人说，我的访问写得很好，很有感情，当然了，我用两年的感情来写一篇文章，并且因此知道，他未必会持续地爱一个女人。后来，我又访问了一些人，包括一支颓废的地下乐队，一个颓废的画家，于是，人也变得颓废了。林方文不在家的日子，我像一个小妇人那样，替他收拾东西，洗熨衣服，在阳台上直至灯火阑珊，也等不到他回来，有点万念俱灰的感觉。

光蕙跟孙维栋仍然纠缠不清，我最近见过孙维栋一次，他瘦了很多，整个人很憔悴，他在自虐。

迪之把一头长发剪短，她说要忘记过去。卫安常常打电话给她，终于有一次，她依约赴会，然后在他脸上打了一拳，事后她很后悔，她说如果那天戴上戒指的话，会把他打得更痛。

迪之提议我们三姊妹一起去东京旅行，忘记那些男人。光蕙很赞成，她想呼吸一口新鲜的空气。我本来想跟林方文说，我要去东京，希望他说：“留下陪我，迟些我和你一起去。”可是，那天晚上，我如常一个人在他家里呆等，他凌晨才回来，我忍不住向他发脾气。

“你近来很少陪我。”

“你应该有自己的生活。”他说。

“我愈来愈不了解你，不知道你这一分钟最挂念谁？”

“你这么介意，就不该要我说真话。”他爱理不理。

“你已经不爱我，对不对？”

“你总是喜欢令人窒息。”

“好！那我离开这里。”我开门要走，他并没有留住我。

我告诉迪之，我要去东京，并且要尽快去。两日后，我们随旅行团出发，我希望林方文不要找到我。找不到我，他才会牵挂我。

到了东京，我们住在新宿一座酒店，那是一个繁荣地，我却疯狂思念一个在尖沙咀的男人。

我们在歌舞伎町一间烧烤店流连，其中一个厨师是从上海来的中国人，跟我们说普通话，他长得高大英俊，迪之对他虎视眈眈，赖着不肯走。有时候我觉得迪之是一个很快乐的人，她那么容易喜欢一个人。

“我好不好打长途电话给林方文，告诉他，我在东京？”我问迪之和光蕙，“我怕他找不到我。”

“不要。”迪之说，“让他焦急一下，他才会挂念你。”

“你跟林方文到底有什么问题？”光蕙问我。

“我也不知道，如果知道有什么问题还好。”

回到酒店，她们两个很快便睡着了，我们住的房间有一个小阳台，我站在阳台上，从酒店三十二楼俯瞰东京市，灿烂却陌生，我疯狂地思念林方文，这个时候，他会不会站在阳台上等我？

我打电话回香港给他，电话响了两下，他立刻来接。

“是我。”

“你在哪里？”他焦急地问我。

“我在东京。”

“东京？”他吃了一惊。

“跟迪之和光蕙一起。”

“我很挂念你。”

我心头一酸，忍不住呜咽。

我和林方文，一个在东京，一个在香港，距离四千公里。他在四千公里以外，才肯对我说：“我很挂念你。”

我在电话里哭泣，他紧张地问我：

“你在哭吗？不要哭，有什么事跟我说。”

“你这一分钟最爱的女人是谁？”

“程韵、程韵、程韵、程韵。”

“但下一分钟可能不是。”我说。

“你这么介意那句话？”

“是的。我不希望我只是你生命中的过客。你曾经离开我一次，也会有第二次。”

“我来东京找你，你住在哪间酒店？”

“你不要来，六天后我会回来。”那一刻，我多么希望他立刻从四千公里以外来到我身边，给我最温煦的爱。但，我非常奸狡地相信，分开才会令他更爱我，我要用六天来激励这段爱情。

到东京的第二天，我们去迪士尼乐园玩，那是最快乐的一天，因为有一个男人在四千公里以外疯狂地思念我，原来被人思念比思念别人快乐。

晚上回到酒店，我打电话给林方文，电话没人接听。他会不会正在往东京的飞机上，赶来跟我见面，给我一个意外惊喜？可是，他不知道我住在哪里。如果他问孙维栋，孙维栋会告诉他，因为孙维栋知道我们住在哪间酒店。我整晚睡不着。第三天，我故意留在酒店等待，但他没有出现。第四天、第五天、第六天，我打了无数次电话回香港，都没有人接听。

林方文到底去了哪里？香港至东京的飞机这几天并没有发生意外，他会不会来了东京，却遇到意外？我的心忐忑不安。

“下次我不跟你一起旅行了，你整天惦念林方文，什么都提不起劲。”迪之骂我。

“思念是很好的感觉呀！可惜我并不思念孙维栋。”光蕙说。

“我觉得无牵无挂的日子才是最快乐的。”迪之有感而发。

“是的，思念别人并不好受。”我说。

第七天的黄昏，我们回到香港。我买了一件米白色的毛衣给林方文。也许他根本没有来东京，他仍然在香港的录音室里晨昏颠倒地工作，忘了我，忘了我在东京等他，他说挂念我，就只是那一分钟。

下机后，我走上林方文的家。当我开门进去，竟发现他正跟邱正立和黑眼圈老妖谈笑风生。

“你回来了？”他问我。

我很愤怒：“原来你在这里聊天，我还以为你去了东京找我。”

他没有回答我，一贯地沉默。

“为什么每天晚上都没有人接听电话？”我问他。

“我这几天在录音室忙到天亮才回来，家里哪有人听电话？今天刚好完成了。”

果然给我猜中了，他忙着工作，忘了我，说要来东京找我，不过是美丽的谎言。

我站在那里，气得说不出话来。邱正立和黑眼圈老妖找个借口离开，只剩下我们两个。我在行李箱里拿出那件米白色的毛衣。

“这本来是买给你的。”我说。

我把毛衣扔在地上，双脚发狂地在上面乱踏。他制止我。

“放手！”他用力把我拉进睡房里，睡床上竟然有很多很多只纸折的飞机，最少也有几百只。

“因为工作，不能去东京找你，每天思念你的时候，便折飞机，希望可以飞去你身边。”他说。

我突然觉得很惭愧，我刚才用脚践踏我买给他的毛衣，他却在几天内为我折了几百只飞机，思念在房子里蔓延。

“有多少只飞机？”我问他。

“不知道，我没有数过。”

“一起数数看。”我说。

我一共数到有九百八十六只飞机。六天里，他平均每天折一百六十四只飞机，思念我一百六十四次。

“你回来了，这些飞机可以放进垃圾桶里。”他说。

“不！我要把它们留下来，这里有九百八十六次思念，如果将来你忘了，我会用这九百八十六只飞机提醒你，你曾经如此思念我。”

我发现上一个租客留下一个不大不小的长方形鱼缸，里面还有七彩的光管，我把九百八十六只飞机放进鱼缸里，刚好能够装满。然后，我们把鱼缸放在木柜上，驳上电源。光管亮起了，鱼缸里的飞机好像在东京的夜空上飞行，鸟瞰五光十色的大都会。

“很漂亮！”我看着飞机。

林方文紧紧地抱着我说：“以后不要再不辞而别。”

我并不想如此。

大学最后一个学年在一个滂沱大雨的上午开始，课室里，再没有林方文，他喜欢坐的位置一直空着，我们第一次见面，也是在这个课室里，他在看《龙虎斗》。想不到已是两年前的事了，无法和他一起毕业，我是有一点遗憾的。我曾经害怕失去他，但，每当看到鱼缸里那九百八十六只在东京上空翱翔的飞机，我总相信，他不会离开我。

那天很早便下课，雨依然下个不停，走出学校大门，一个女人从一辆私家车走出来，那是林方文的母亲，驾车的人是那个个子矮小的中年男人。

“程小姐。”她叫我。

“伯母。”我有些意外，她应该不是在等我吧。

“林方文是不是退学了？我刚刚去宿舍找他，他们说他暑假前已经搬走。”

“是的。他的工作很忙，而且发展得很好。”

“这也不是不读书的理由。”她很失望，“他住在哪里？”

我不知道该不该告诉她。

“他叫你不要告诉我，是不是？”

“不，不是。”

“这件毛衣我本来打算给他，请你替我交给他。”她把一个纸袋交到我手上。

雨打在她沧桑的脸上，她的一双大眼睛十分沮丧。我不知道该说些什么话安慰她。她跑上矮小男人的汽车上，一直低着头，汽车缓缓离开，林方文也许不应该恨她，她有权选择男人。

我抱着毛衣走上林方文的家，竟发现一个女人。她只穿一件衬衫和一条黑色通花比基尼内裤坐在沙发上，拉着林方文送给我的那一把给我砸烂了的小提琴，声音非常刺耳。

“你是谁？”她问我。

她竟然问我是谁。

“我是林方文的朋友。”我说。

“这一把小提琴不能再拉了。”她说。

她长得矮小瘦弱，有点干的感觉，皮肤黝黑，眼睛小而精灵，鼻梁很低，两个鼻孔朝天，与一双小眼睛互相辉映，构成脸上四个大小差不多的孔。她全身最美丽的地方是两条腿，与身高不成比例地修长，显得腰肢特别短，乳房很小。她是谁？为什么在林方文的家里？

“这是一把很好的小提琴。”她把琴搭在肩膊上，做出拉小提琴的动作。她好像心里有一首歌，独个儿在厅中拉得十分陶醉。

“可惜不知道谁把它砸烂了。”她望着琴叹息。

“是我。”我说。

她点了一根烟，说：“我曾经跟一个小提琴家在奥地利同居了三年，当然，三年中，我还有其他男伴，但，我的小提琴是跟他学的。他拉小提琴的动作很性感，每次看到他拉小提琴，我都想立刻跟他做爱。一次，我们吵架，我把他那一把价值一百万的小提琴扔到河里去，他马上跳进河里抢救他最心爱的琴，可是已经太迟了。”她倒在沙发上大笑。

对着陌生人大谈做爱，这种女人一定很有表演欲。

“林方文到哪里去了？”我问她。

“我醒来已经不见了他。”

醒来？他们刚才一起睡？

“我还不知道你是谁？”

“林日。你呢？”

“程韵。”

“情韵？这个名字真好听。”她又点了一根烟，“我是林方文的姐姐。”

林方文说过他有一个姐姐，遗传了父亲的性格，到处漂泊，我没想到正是眼前这个豪放的女人，她的样貌跟林方文和林妈妈都不相像。

“我是林方文的女朋友。”我说。

“我早猜到了！”她热情地拥抱着我。

“你的身体很好抱，我弟弟一定也喜欢抱你。”她把我弄得有点尴尬。

“你抽的烟，烟味很怪。”我说。

“我刚从俄罗斯回来，这是矿工抽的香烟。我跟林方文已经三年没有见面，你跟他一起多久了？”

“两年。”

“我弟弟是不是一个好情人？”

“怎样才算是好情人？”

“会令女人伤心的，便是好情人。”

她从鱼缸里拿起一只纸飞机，扬手将飞机飞出去，那只飞机飞越我的头顶，从大厅一直飞翔到睡房的天花板上，缓缓下坠。

“这是我弟弟折的飞机。”她说。

“你怎么知道？”

“只有他折的飞机，才可以飞得那么高，那么远。”

林方文拿着一包东西回来。

“毛巾、牙刷和睡衣，给你的。”他跟林日说。

“我裸睡的。”她认真地说。

“那是你阁下的事，请你别在大厅裸体。”林方文一本正经地跟她说。

我把毛衣交给林方文：“这是你妈妈叫我交给你的。”

“是妈妈打的毛衣？”林日打开纸袋，是一件灰色V领的毛衣。林日抱在怀里，脸贴着毛衣说：“好暖！”

“那让给你。”林方文一贯不在意地说。

“好呀！”林日将毛衣据为己有。

晚上，我留在林方文的家里，林日就睡在隔壁。月亮照在林方文的身上，我躺在他身上，分享月光。

“为什么你姐姐长得不像你？”

“她像爸爸。”

“她做什么工作的？”

“大概是记者吧。”

“你和她感情很好吧？”

等了很久，他并没有回答我，他的呼吸变得沉重，睡得像个小孩子。

有人敲门。

“谁？”

林日身上披着一张毛毡推门进来，我连忙从林方文身上滚下来。

“我可不可以跟你们一起睡？”她脸上一副无助的表情。

“你是不是裸睡的？”我问她。

她打开身上的毛毡，里头穿着林方文刚才买给她的睡衣，我松了一口气。

“月色很美，我那边房间看不到月亮。”

“月亮在这边。”我说。

“你睡在他胸前，我睡在他脚上，一人一半，好不好？”她把头挨在林方文的脚上。

我躺在林方文胸前，我们两个女人分享他身上的月光和体温。

“那个小提琴家，你爱不爱他？”我问她。

“爱。短暂地爱过。”

“但你跟他在一起的时候，还继续和其他男人来往。”

“因为有死亡，我不愿忠贞。”林日望着我说。

“不。正是因为有死亡，我才愿意忠贞。”我说。

“我很寂寞。”她蜷缩着身体。

“你在思念小提琴家，还是其他男人？”

“我和他在火车上相遇，只相处了一天，我疯狂地思念他。”

“他在哪里，你可以找他？”

“我不想再碰到他，不想破坏这种感觉。”

“逃避？”

“不。是保护，保护一段爱情。”

“跟你同居三年的男人，你没有思念他，却思念一个相处仅仅一天的陌生人？”我有点唏嘘。

“因为只有一天寿命的爱情从来没有机会变坏。”

当时我想，她说的也许是对的，时间营养一段爱情，也毁灭一段爱情。

林日在林方文脚上安然入睡，我辗转反侧，他们身体里流着相同的血液，同样伤感和难以捉摸，林方文会不会像他姐姐那样，忘了我，却只记得一个一夕欢愉的女人？

林方文从睡梦中醒过来。

“别动，你姐姐在你脚上。”我说。

他看着蜷缩着身子的姐姐，吻了我一下。

“如果这样下去，你会不会娶我？”我问他。

“会。”他温柔地说。

我流下泪来。

林日在香港逗留了两星期便要离开，她说要到以色列找一个朋友，她很想念他。在机场送别，她拥着我说：“如果我弟弟对你不好，便跟他分手。”

“我会的。”我说。

她跟林方文又相拥了许久，才进入禁区。

林日走了，她带来的伤感却仍然留在屋里。林方文大部分时间都留在制作室里，与他的歌恋爱。我开始后悔跟他住在一起，朝夕相对，多么绚烂的爱情也会变得平淡，那原不是我想要的关系，我不想做一个每天晚上等男人回来，却不知道他会不会回来的女人。

我尽一切方法讨好他，我烧饭，等他回来吃，甚至打起毛衣。那时的我，一定是一个会吓走所有不想安定下来的男人的女人。

那天晚上，正在机械地打毛衣的我，突然讨厌自己。林方文开门进来，我狠狠地把毛衣掷在地上。他没有理会我，径自走进睡房。我负气拿起皮包离开，回到我自己的家，哭了一个晚上。是不是时间久了，我们都变得懒惰？懒得去爱得好一些？第二天，第三天，第四天，他没有找我。

他是一个不会向女人求情的男人，最终还是我回去。

我开门进去时，他坐在沙发上吹奏着我送给他的口琴。看见我来了，他并没有停下来。

“我只是来看看我的飞机。”我走到鱼缸前面，捞起一只飞机。

他一手拉着我，紧紧地抱着我。我在他身上，嗅到橄榄油和松节水的味道，那是费安娜的味道，我不会忘记。

“你跟费安娜见过面，是不是？”我瞪着他。

“没有。”他说。

“你为什么要说谎？我敢肯定，你刚刚跟她见面。”

他很讶异，他不知道女人通常有一个很好的鼻子。

“是不是？”我问他。

他不说话。

“你答应过我，不再见她的。”

他依旧不说话。

“为什么？”我流着泪问他。

他还是不说话。

“为什么！”我向他咆哮，“为什么要找她？”

我彻底地失望。两年来，我所付出的爱，仍然无法满足他，他并不需要像我这样一个女人。我冲进房间里，收拾属于我的东西。

他坐在那里，并没有制止我。

我把东西胡乱地收拾好。

“我们分手吧！”我哭着对他说。

“你真的要走？”

“你是骗子。”我骂他。

他的本领是不说话。

“为什么还跟她上床？”

我本来只是想试探他，没想到他竟然不说话，他果然跟费安娜上床了。

“除了沉默和谎言，我不知道我们之间还有什么？”我含泪跟他说。

我打开大门离去，他没有留住我，我要走的时候，他从来不会留住我。

我抱着皮箱，在尖沙咀闹市的人群里无助地流浪。璀璨而短暂，是我的初恋。

回到家里，拉小提琴的瓷像老人苍凉地垂下头，奏着艾尔加的《爱情万岁》，是一百年前的山盟海誓，不会再有除夕之歌了。

迪之知道我跟林方文分手，只说：“不是没有男人就不能过日子的。”

她好像庆幸我可以陪她一起失恋。光蕙仍然跟孙维栋拖拖拉拉，她未找到另一个男人之前，决不会放开他。偏偏那个时候，一个噩耗同时打击我们三个人。

宋小绵要结婚了。在我们三个都失意的时候，她竟然找到幸福！

她首先把喜讯告诉光蕙，她在电话里甜丝丝地问光蕙：“我想知道你的地址有没有更改。”

一个很久没有见面的朋友突然打电话给你，问你地址，毫无疑问，她想把结婚请柬寄给你，并且以为你会替她高兴。

“她丈夫是医生！”光蕙的语气充满妒意。

“她也可以嫁医生？”迪之一脸不屑，“她不过很普通啊。”

“近水楼台先得月嘛！”光蕙说，“你们还记得她妈妈吗？她很会把儿女推向上层的。”

“我不妒忌她嫁给医生，我妒忌她出嫁而已。”我说。

“条件愈普通的女孩子愈早嫁出去，我们三个素质这么高，三十岁也不知道能不能成功嫁出去。”迪之认真地说。

光蕙最不开心，因为她一直希望嫁得好，找到一个牙医，却无法勉强自己爱他，而小绵竟然找到一个西医。迪之妒忌，因为她一直找不到一个好男人，她想嫁的人，无法娶她。我妒忌，因为我得不到同样的幸福。小绵若知道我们妒恨她结婚，一定后悔把婚讯告诉我们。

婚礼在跑马地一所天主教教堂举行，我们三个刻意打扮了一番。光蕙相信在那种场合可能会结识一位医生，迪之要显示自己比新娘子漂亮。我是失恋女人，当然也要打扮得漂亮。乐姬与男朋友一同来，那个男人听说是富家子弟。倒是小绵的丈夫把我们吓了一跳。

站在祭坛前，穿着黑色礼服焦急地等待新娘子的男人，便是小绵的丈夫，他的体形像一只放大了三十万倍的蚂蚁，虽然已经放大了三十万倍，因为体积本来就细小，所以现在也不过身高五英尺二英寸，脖子短得几乎看不见，背有点佝偻，四肢长而细，愈看愈像《超人》片集里那只机械蚂蚁大怪兽。小绵就嫁给那样一个人？我们不再妒忌她。

小绵的家翁和家姑都拥有一张异常严肃的脸孔，他们大抵以为大蚂蚁是他们的得意杰作，是许多女人梦寐以求的如意郎君。

神父带领来宾一起唱《祝婚曲》 ——“完美的爱，超越世间的一切……恒久的爱，愿永为他俩拥有……天真信赖。生、死、痛、疼无惧……”

我投入地唱出每一个字，那是爱情最高的理想，也许太投入了，我从第二句开始走调，迪之和光蕙见惯不怪，但我身后却传来一声笑声，站在我后面的，是一个架着金丝眼镜的男人，他友善地向我微笑，那时，我没有想到，他是我第二个男人。

小绵和大蚂蚁去欧洲度蜜月两星期后回来，我接到小绵的电话。

“有一个人很想认识你。”

“谁？”

“我先生的同学，也是同事，他叫徐起飞。在我结婚那天，他见过你，对你印象很好。”

“我一点儿印象也没有。”

“你当然不知道他在留意你，我没有告诉他，你已经有男朋友，不知道你喜不喜欢，况且也只是交个朋友，不一定要谈婚论嫁的，多一个选择也好。徐起飞是个很好的人，不然我也不会介绍给你，他跟女朋友分手了两年，一直没有恋爱，今年三十岁，是做外科的。这个星期六晚，我们一起吃饭好不好？”

“很尴尬的，好像相亲。”我说。

"人家是钻石王老五呀，很多人争着介绍女朋友给他，他就是看不上眼。"

"他看上我，我便一定要跟他吃饭的吗？"我负气地说。

"当是跟我吃饭好了，这点面子你不会不给我吧？"

想不到小绵才嫁了两星期，连说话的口吻也像个少奶奶。

"好吧。"

我根本提不起兴趣去结识另一个男人。林方文在我心里，仍然是刺骨的痛。但，女人总有一点点虚荣，有一个男人对自己表示仰慕，还是禁不住有点兴奋。林方文背着我去找费安娜，我光明正大跟徐起飞吃饭，也没有什么不对，我是故意向他报复。

晚饭的地点是丽晶酒店的法国餐厅。

徐起飞穿着深蓝色的西装，结了一条墨绿色的斜纹领带，浓密的头发梳得十分整齐，脸上架着一副金丝眼镜，身上散发着一股消毒药水的味道。

"我刚下班赶来。"他说。

他站起来跟我握手，他个子很高，身体强壮，十只手指却很纤细，是一双很适合做手术的手。

"程韵是我的中学同学，我们都是排球队的。"充满少奶奶味道的小绵说。

大蚂蚁的名字叫关彦明，跟徐起飞是小学到大学的同学。

"徐起飞以前是香港学界排球队的队长，你们有共同嗜好呢！"小绵积极推销。

"进了大学之后就没有打球，怕弄伤手指。"徐起飞说。

"丽丽的手术就是他做的。"小绵说。

"可惜她送来医院时已经太迟了。"徐起飞说。

“我真怀念丽丽，她没有谈过恋爱便死去，真可惜。”小绵说。

“那是最幸福的死法。”我说。

说出这句话，他们三个人同时望着我，好像我说错了话。

“难道不是吗？无牵无挂的日子其实是最快乐的。”

整顿饭小绵说话最多，她已是少奶奶，不用矜持。大蚂蚁很少说话，笑容也很少，他好像背负着全世界的忧患。徐起飞只在适当的时候说话。吃过甜品，小绵拉着我陪她去洗手间。

“你觉得徐起飞这个人怎样？”

“不错，但，我对他没有感觉。”

“他是医生，当然没有才子那么浪漫，但他很会照顾人，而且很有诚意。医生最有安全感。我听迪之说，你跟林方文分手了。”

迪之这个长舌妇！

“如果我有不治之症，他也无法救活我。”我说。

“你有不治之症吗？”她凝重地问我。

我的不治之症是爱着一个不能给我半点安全感的男人。

小绵见一顿饭吃过，我和徐起飞之间好像没有什么话题，显然有点失望。大蚂蚁的车停在丽晶，跟他们分手后，我和徐起飞步行到附近的停车场，他的车停在那里，几个工人在停车场前面那株银色的圣诞树挂上七彩的灯泡，准备迎接圣诞，原来已经是十二月了。

“快到圣诞节了。”徐起飞说。

“是的。”路上风很冷，徐起飞把他的外套盖在我身上。

“谢谢你。”

“除夕你会做什么？”他问我。

“你呢？”

“过去几年的除夕，我都在医院度过。每年的那一天，医院都很忙碌。很多人乐极生悲。”

“我在婚礼上好像没有见过你。”我说。

“我看见你。你跟两个女孩子一起来。唱圣诗的时候，我站在你背后，你唱歌走调。”

“我想起来了，是你笑我。”

“对不起，我没有恶意的。”

“不要紧，我是五音不全的。”

“很少人五音不全，却唱得这么投入。”

“你是讽刺我，还是？”

“不，我觉得你很可爱。”

就在那一刻，我碰到林方文，他戴着鸭舌帽，是我认识他的时候，他一直戴着的那顶鸭舌帽，他又戴上那顶帽子了。他正向着我迎面走来，而且已经发现了我。我跟徐起飞并肩而行，身上披着他的外套，我不知所措，他看了我一眼，在我身边走过，经过那株银色的圣诞树，冲过马路，失去踪影。分手后第一次见面，却有一个很大的误会。

徐起飞的车子从停车场出来，踏入十二月的周末晚上，车子在路上寸步难移。大厦外墙的灯饰一片霸道地红，交通灯天长地久地红，汽车不准前进，千百辆车子尾后亮着制动器的红色车灯，所有红色，形成一条绵长没有尽头的红色灯路，欺人太甚。电台提早播“Jingle Bells”，我想起林方文的脸和他的背叛，掩面痛哭。

“你没事吧？”徐起飞给我吓了一跳。

我胡乱找了一个借口说："我讨厌被困在这里。"

"我想想办法。"

他把车子停在一个避车处，把车子的天窗打开。

"现在好一点没有？"

因为哭得太厉害，所以也抽搐得很厉害，根本不能回答他。

"你怎样来到这里的？"我问他。

"犯了很多交通规则，幸而没有给警察抓住。你是不是有幽闭恐惧症？"

"不，不是的，能载我到一个地方吗？"

"你要去哪里？"

"只是停留一会儿。"我说。

我请他把车子驶到林方文的房子对面。二十楼的阳台亮着灯，林方文一个人站在阳台上喝啤酒，头上戴着失恋的帽子，我头一次，觉得他看来有点可怜。我不能回去，我想起他压在费安娜身上，我便不能原谅他。忽然刮起一阵寒风，林方文的帽子被风从头上吹走，在风中下坠，他在阳台上消失，该是下来找帽子。

"我们走吧。"我跟徐起飞说。

那夜之后，徐起飞没有找我，他大概知道我心里有一个人。愈接近除夕，我愈荒凉，难道我要为一首歌跟林方文再走在一起？他从来不求我，不求我复合。我也许会回到他身边，只要他开口，我会的。原来人的记忆有一个自动净化系统，会把不快乐的记忆洗掉，我好像渐渐觉得他和费安娜上床的事不是真实的。

光蕙跟孙维栋去欧洲度新年，因为光蕙舍不得自己付团费。迪之早说好要我和她一起度除夕。

她最近抽烟抽得很凶，还跟唱片公司的人一起抽过大麻。

除夕夜，我没有收到林方文任何消息，失望演变成悲愤，我和迪之锐意打扮一番去参加她一位同事在的士高的派对。

迪之把我的脸涂得很白，然后替我描上夸张的黑色眼线，我的两只眼睛好像给两个黑色的括号括着，她又替我涂上茄汁似的口红。我从来没有化过这么浓艳的妆。

“你现在才像一个女人，我是男人，看见你也会心动。”她说。

迪之穿了皮衣和皮裙子，上衣和裙子都绕着金链，三英寸半高跟鞋的鞋头也有一只金色蝴蝶。一头鬈曲的长发伏在她的肩膊上。

“你去参加除夕派对，还是万圣节派对？”我问她。

“也许今天晚上会找到男朋友嘛！”她充满希望。

我穿了一双两英寸半的高跟鞋。那是我生平第一次穿高跟鞋。迪之步履如飞，我跟在后面，好辛苦才追上。没有男人的除夕，真是折腾。

派对在兰桂坊一间的士高举行。除夕晚的兰桂坊，挤满了狂欢的男女，车子不能驶进去。穿上两英寸半高跟鞋徒步走上那段斜路于我是一件吃力的事，何况斜路的一边是费安娜的画廊。

“我忘了千年女妖的画廊在哪一幢大厦。”迪之说。

“这一幢。”我指着酒吧对面的一幢旧楼，可是，一楼已经不是一间画廊，而是一间卖上班女服的店。

“为什么会变成服装店？”我有点意外。

“谁会买千年女妖的画？也许结束营业了。”

的士高里的人很多，派对的主人是迪之那间唱片公司的公关经理，是个很吃得开的中年女人。她热情地招呼我和迪之，把我们安排坐在一群男女中间。他们都是单人匹马来的，喝大量的酒。迪之跟其中一个理小平头的男人猜拳。她每次都输，喝了很多白兰地，那个男人常常借故亲近她，忽然又把手放在我的肩膊上，我突然觉得很可耻，他把我当成什么女人？我不是来找一个男人过夜的。我站起来，把迪之拉走。

“我们要去哪里？”她醉昏昏地问我。

“离开这里。”我说。

小平头男人扶着迪之说：“我送你回家。”

迪之倚着他说：“好。”又跟我说，“有人送我们回去。”

“不。我们自己回去。”我从小平头手上抢回迪之。

我把迪之从的士高拉出来，已经十一点多钟了，街上挤满等待倒计时的人群。

“我要回去喝酒。”迪之挣扎着，把我推开。

“不。不准回去。”我拉着她，她拼命反抗，混乱中，我推了她一把，谁知她站不稳，给我推倒在地上，头撞在石级上，流了一摊血。

刚好有两个巡逻警员经过，马上召救护车把迪之送去医院。

迪之躺在担架床上，我很害怕她会死，我没想过除夕会在一辆救护车上度过，而我即将成为杀死好朋友的凶手。

急症室的医生替迪之敷好伤口，医生说，她只是皮外伤，我如释重负。她喝酒太多，医生要她留下观察。我陪迪之上病房，心里很内疚。

“对不起，我不是故意推你的。”

“哼！如果破了相我才不原谅你。”

“我让你推一下报仇。”我说。

“我们除夕要在医院度过，还不够可怜吗？”她苦笑，“你不要走，留下陪我。”

我们一起睡在狭窄的病床上，互相取暖。迪之很快便睡着了，护士说，医院不准留宿，我替迪之盖好被，离开病房。经过护士的工作间，两个年轻女护士正在收听电台广播，时钟指着午夜十二时，唱片骑师说：“这首新歌的填词人，特别要求我们在一九八八年的除夕播这首国语歌，他想送给一个人，祝她新年快乐。”

要多少场烟雨，
才有这一场烟雨，
要多少次偶遇，
才有这一次偶遇？
我俩是故事里的人物，
抑或有了我俩，才有故事？
这一切的败笔，是因为我的怯懦，你的愚痴？
千年的等待，难道只为了等待一次缘尽，一次仳离？
难道这年代，真是一个属于翅膀和水生根的年代？
能漂的都漂走，能飞的都远逝，
只有思念和忘怀，只有无奈和无奈……

歌由一位台湾男歌手唱出，迂回低沉，像我们的爱情，我身体发软，蹲在地上，用双手抱着自己的身体，才能冷静下来。他已还我一首除夕之歌，我又还他什么呢？

“这首歌很动听啊，歌曲的名字是《烟雨》，今夜没有烟雨。”女唱片骑师说。

“程韵。”

一个男人叫我，我抬头看，是穿着白色医生制服的徐起飞。

“你为什么会在这里？”

“有朋友受了伤，我陪她入院，现在没事了。”

“你打扮成这个样子？我差点认不出你呢。”他望着我，有点陌生。

是的，我浓妆艳抹，穿黑色紧身裙，踏着高跟鞋，像个廉价的妓女，的士高里那个理小平头的男人轻薄我们，也许不全是他的错。

“我刚下班，要不要我送你回去？”

“不用了，谢谢你。”

“嗯。那么再见了。”他说。

“再见。”

我站起来，离开走廊。

“程韵。”他叫我。

“什么事？”

“新年快乐！”

“新年快乐！”

我在医院门外，登上一辆计程车，跟司机说：“去尖沙咀。”

林方文用歌把我召回去，他的呼唤，总是无法抵挡。我身上还有他家的钥匙。当我开门进去，鱼缸里的纸飞机依然在东京上空翱翔，一切没有改变。

林方文站在阳台上，回头望我。

“新年快乐。”他说。

“新年快乐。”我说。

"我回来，是要把你从阳台上推下去。"

他张开双手说："好的。"

我们在阳台上等待天亮，一九八九年一月一日，我们依旧在一起，好像劫后重逢。

"你的鸭舌帽呢？"

"有一天晚上在这里丢了。"他说。

"费安娜呢？"

"我就只见过她那一次。"他说。

"你是一个骗子，是一个很坏很坏的骗子。"

他抱着我："不会再有下次。"

一月一日下午，我接迪之离开医院。她撞穿头，我却跟林方文复合，她恨死我。

一九八九年的暑假，我毕业了。毕业后，我在一间规模宏大的实业集团的市场推广部找到一份工作。同一年，光蕙也毕业了，在一间物业代理所当营业主任。

乐姬在一间大银行任职私人银行顾问，她身边不是公子，便是律师、总裁之类。

市场推广部就只有我一个职员，事无大小，都要我负责。一天，林方文来接我下班。他带着我走过好几条街道。

"我们要去哪里？"我有点奇怪。

他走进一条横街，街上停了几辆私家车，他走近一辆簇新的蓝色私家车，打开车门。

"这辆车是你的？"我很意外。

他坐在驾驶座上，开动引擎。

“为什么不告诉我？”

“给你一个意外惊喜。”

那天，我们快快乐乐地开车在香港、九龙和新界转了一个大圈，我没想到五个月后，车上会有另一个女人。

那天晚上，我和迪之、光蕙在铜锣湾吃晚饭，饭后，本来是打算坐计程车回家的。

迪之刚好看到林方文的车子在我们身边经过。

“你看，那是不是林放的车子？”

我刚好看到车子的尾部，那是他的车，竟然会遇到他，真是巧合。

“好了，我们不用坐计程车了。”迪之说。

我和迪之、光蕙跑上去追他的车，我发疯似的在后面跟他挥手，他并没有看见我。我几乎追不上了，幸好前面刚刚换了红灯，他的车停在交通灯前。

我喘着气跑上前，敲他的车窗，他见到我，神色诧异，原来他的旁边还有一个女人，是乐姬。我呆住了，觉得自己像一个傻瓜，乐姬看看我，然后别转头，她并不打算向我解释。

迪之和光蕙赶上来。

“还不上车？”我来不及阻止，迪之已经拉开车门上车。

上了车，她和光蕙才发现车上有一个女人，是乐姬。林方文和乐姬的反应，已经告诉我发生了什么事。

“我们走。”我说。

“程韵，上车。”迪之把我拉上车，“为什么不上车，这是你男朋友的车子。”迪之故意让乐姬听到这句话，“奇怪，乐姬，你为什么会在这里？”

乐姬没有理睬她。林方文一句话也没有说。

我茫然地站在街上，迪之叫我不要回去，我还有什么地方可以去呢？我要回去。

他坐在沙发上。

“开始了多久？”我问他。

他不说话。

“为什么偏偏要是乐姬？”

他不说话。

我拿起东西扔他。

“我看不起你！”我向他咆哮。

我拿起东西不断扔他。

“为什么你要一次又一次伤害我？如果不爱我，可以告诉我，用不着骗我！”

他过来抱着我。

“你已经不爱我了。”

他凝望着我，不说一句话。

“你说呀！”

他还是不说话。

我肝肠寸断。那一个晚上，是最难熬的晚上，我想过要在阳台上跳下去，却怕从此看不见他的脸，在那一刻，我依旧眷恋那张脸，因此更恨他。我倒在床上哭了很久，他在客厅里一言不发。我哭着哭着，在床上睡了。午夜醒来，他躺在我旁边，睁着眼，我睁着眼，无话可说，床上的欢愉，还是输给背叛，也许男人都爱慕新鲜，何况一个以创作为生的男人？他一生需要很多女人，我只是其中一个，终究要消失。他像一个神，我只是其中一件祭神的供品，他吃过了，丰富了生命，忘了我。我压在他身上，他仍然睁着眼。我把上衣脱去，解下胸罩，把他两只手按在我的乳房上。

“不要这样。”他说。

我疯狂地吻他，用我所有的本能来刺激他的性欲。他很久没有跟我做爱了，我以为是他太忙，原来他爱上别人。我要他回到我的身体里，记起我的身体。我脱去他的上衣和裤子，他也脱掉我的裤子，他压在我身上，我不断流泪，紧紧抓住他的腰，把他拉向我的身体，期望他为这温存留在我身边。即使留不住，也有最美好的最后一次。

我很后悔，这绝对不是最美好的一次，那些身体的抽动，活像一场施舍。他流着汗，我流着泪，躺在床上，像一对陌生人。

“我们的爱情是在什么时候消逝的？”我问他。

他不说话。

“你已经跟乐姬上过床，是不是？”

“没有。”他说。

“我不相信你。”

我抱起一直放在床边的那个给我砸烂了的小提琴，拉了一下，发出刺耳和空洞的琴声。

“明天我会离开这里。”我说。

“你用不着这样。”

“我决定了，我不习惯被施舍。”

第二天早上，当他出去了，我找迪之替我收拾行李。

“这个瓷像老人，你要不要带走？”她问我。

“要的。”

“鱼缸里的纸飞机呢？”

我把鱼缸搬到阳台上，用双手捞起缸里的纸飞机，抛向空中，那里有九百八十六只，是他对我九百八十六次的思念，都散落在空中，能飞的都远逝。

第五章 | 再抱你一次

我又回到我的家里。每当我偶然从收音机听到林方文的歌，总是禁不住流泪，他像歌那样，好像已经跟我没有任何关系了。我开始很害怕孤单，每天下班后便跟迪之和光蕙一起，浪掷时光，困了才回家，然后倒在床上，片刻便睡着，无暇再想些什么，第二天醒来，又浑浑噩噩过一天。

可是，迪之首先不能再陪我，她认识了新男朋友。

“他有六英尺一英寸高，肩宽二十英寸，扩胸有五十英寸！”她兴高采烈地告诉我们。

“他是香港先生？满身涂满油那种怪物？”我问她。

“当然不是，他做生意的。我跟朋友去参加留美同学会聚会认识他的，他是同学会主席。”

老实说，我对那些留美、留英、留加同学会没有什么好感，大家不过找个借口认识异性而已。

“他是做什么生意的？”光蕙问她。

“他卖石油的。”迪之说。

“石油？”我吃了一惊，“他是沙特阿拉伯人？”

“胡说，他是石油代理商，是家族生意。他替他妈妈工作。他运动很出色，网球、滑水、潜水、射击、烧枪都会。”

“他条件这么好，为什么没有女朋友？”我问迪之。

“他要求高嘛，听说他以前有很多女朋友，都绑不住他。”

“你小心他是花花公子。”光蕙说。

“他比我大十年，他跟我说，很累了，很想结婚。”

“那你岂不是会嫁入豪门？”我取笑她。

迪之笑得花枝乱坠，然后认真地说：“我也想结婚，我跟你们不同，我爱过好几个男人，已经很累，实在厌倦了在除夕晚上还要到处去找男人，我又没有事业心，最幸福的是有一个男人照顾我。”

“我们来一个协定。”我说，“三个人之中，最先出嫁的一个，要赔偿给另外两个。”

“为什么要赔偿？”迪之问我，仿佛她会最早嫁出去似的。

“剩下的两个，那么孤单可怜，当然要得到补偿，至少每人要得到五千元。”我说。

“我赞成。”光蕙说。

“好吧！”迪之说。

迪之也许做梦都没有想过，她会找到一个条件那么好的男人。

一个黄昏，我接到迪之的电话，她甜丝丝地告诉我一个新的电话号码：“以后你拨这个电话可以找到我，这里是田宏的家。”

“你那么快跟他一起住？”

“是他把钥匙给我的。我在等他下班。原来等一个男人下班的感觉是那么幸福的。你也赶快找个男人。”

我在流泪，没有男人的女人，原来那么悲凉。迪之并不是有意伤害我，她从来不会理会别人的感受。

迪之挂了线，我拨电话给光蕙，她在电话那边说：“今天不行呀！孙维栋生日，我好歹要陪他，你来不来？”

如果我去，孙维栋一定痛恨我，有时候，我真是佩服他，明知道一个女人已经不爱自己，仍然愿意纠缠下去。

离开办公室，天已经黑，我突然有一种在街上胡乱找一个男人上床的冲动，反正林方文已经不爱这个身体。

“程韵。”一个男人叫我。

“很久没有见面了。”是徐起飞。

“你现在有空吗？我正准备吃饭，反正我也是一个人。”我突然很想他陪我。

“我约了朋友在附近。”他说。

我不自觉地流露失望的神情，我一定是太寂寞了。

“你等一下。”他说，“我很快回来。”

我看见他跑进附近一座酒店，片刻之后又跑回来。

“现在行了。”他说。

“你不是约了朋友吗？”

“不。我把他打发了。”

“那怎么好意思？”

“不要紧，是老同学，又不是有什么重要的事情。”

我突然觉得有一种安全感，是前所未有的，有一个男人，在我最孤单的时候出现。

我们一起吃法国菜，我叫了一瓶红酒，我从来没有喝过红酒，只是想醉。那一夜，距离跟徐起飞第一次吃饭，已经一年多了，我从来没有认真看清楚他的脸，他的脸原来也很好看，眼睛里好像有很多故事。

“小绵快要生孩子了。”他告诉我。

“是吗？”

“你们没有联系？”

“我们的生活圈子不同。”

我喝了半瓶红酒，故意放任，在餐厅外拉着徐起飞说：“我不要回家，你陪我好不好？”

“你要去哪里？”

“去爱情失落的地方。”

他把车子驶到海滩。

“为什么要来这里？”我问他。

“等待日出。”他说。

“我不要看日出！”我撒野。

他拉着我：“别这样。”

我很想得到一个男人的安慰。我用眼神迷惑他，我们在车上接吻。他握着我的手，我在他的怀里睡了。

当我醒来的时候，已经是第二天早上。他仍然坐在驾驶座上。

“你为什么不唤醒我？”

“你喝醉了。”

“你要不要吃点东西？”他问我。

我点头。

我们在海滩旁边的小食亭吃早点，我心乱如麻，一段爱情刚失落，另一段爱情又升起。

他送我回家。

“你睡一会儿吧。”他说。

“那你呢？”

“我要上班，今天我当值。”

“你为什么不早点说？精神不够，医坏了人怎么办？”

“我坐牢，你来探我。”他笑说。

我迫不及待把这件事告诉迪之。

“好呀，女人要恋爱才有光彩。我一直不敢告诉你，林放好像已经跟乐姬住在一块儿了。”

我虽然早就料到，但心里还是很难受，他说他没有跟乐姬上过床，后来却跟她住在一起。

晚上，我接到徐起飞的电话。

“我想见你。”我跟他说。

“不行。我现在当值。你可以来医院吗？”

我到了医院，他刚刚替一个病人做完手术。

“我们出去散步。”他说。

“你走得开吗？”

“你也是病人。”他牵着我的手。

徐起飞给我前所未有的安全感，让我好想去依赖，而不会害怕到头来他会像林方文那样，逃避我的依赖。

我问他：“你不想知道我从前的事吗？”

“不想知道。”他说，“每个人都有过去。”

他的传呼机响起，他要赶去手术室。

“你可以在医生当值室等我。”他说。

我在医生当值室等他，突然觉得很幸福，那是一个女人等待自己的男人下班的幸福。他回来了，样子疲倦，脸上有鲜血。

“你脸上有血。”

“是病人的血，经常是这样的。”他说，“我可以下班了，我送你回家。”

“不。你已经两天没有睡。”

"我不累呀。"

他坚持要送我回家，他很困，不住打瞌睡，车子在路上S形行走。他调低车窗，让风吹醒自己，又不断掴自己的脸。

我难过得流泪，跟他说："都是我不好。"

他没说话，只是温柔地握着我的手。

我突然觉得不应该辜负他，我不知道自己是否爱他，也许只是想找他做替身。

我狠心地跟他说："你还是不要再找我了。"

"为什么？"他很不明白。

"很多事情都没有原因的，你是医生，也该知道，很多病都是没有原因的。"

"但我会尽力医好它。"

"我无药可救。"我冲入大厦里，头也不回，他一定很失望。

我没有打电话给他，他也没有找我。

三天之后，我到新加坡公干，在酒店房间里，我思念的人，竟然不是林方文，而是他。

一九八九年十月，我只身离开香港往新加坡公干六天后回来了，走出接机大堂，一个人在远处向我挥手，是徐起飞。那一刻，我不想再失去他。我并不意外，在飞机上的三个小时里，我一直想，他可能会来接我。如果注定他是我的，他会接我。

他吻我的脸，说："我很挂念你。"

"你怎么知道我今天回来？"我装着很意外的样子。

答案一如我所料，他打电话到我办公室，办公室里的同事说我去了新加坡，他于是打听我回来的日子和飞机班次。离开前，我没有要求同事替我守秘密，并且把航机编号贴在壁报板上。

在车上，我们热吻，他身上散发着浓烈的消毒药水味道，是一种最有安全感的味道。

“许多病，是没有原因的。”他对我说。

“我不明白。”

“所以，不用告诉我，你为什么改变主意。我也不打算告诉你，我为什么喜欢你。”他说。

车子穿过海底隧道，又穿过香港仔隧道，向深湾驶去。

“你要去什么地方？”我问他。

“卡萨布兰卡。”他说。

那是我和林方文共度两个除夕的地方。

他见我犹豫，问我：“你不想去？”

“不，不是的。”我也想看看那个地方。

到了深湾俱乐部，原来卡萨布兰卡已经结束营业了。

“真可惜，这是一个好地方。”他说。

“是的。”我说，“这里曾经是一个好地方。”

我以为是我和林方文完了，原来卡萨布兰卡也完了。一间餐厅也为我们的爱情憔悴落幕。

“我们驾车到别的地方去。”他说。他拧开车上的收音机，电台刚好播放《明天》，跟我有明天的，已不是林方文。

“这首歌很动听。”他说。

“歌词是我从前的男朋友写的。”我不想再隐瞒他。

他不做声。

“你知道？”我问他。

他微笑。

“为什么不告诉我？”我问他，“为什么还要说这首歌动听？

你用不着这么大方。”

“我真心觉得这首歌动听。一个男人，能够为一个女人写一首这样的歌，一定很爱她。”

“已经完了。他说每年除夕会写一首歌给我，这是其中一首，不会再有了。”

“我不是才子，不能为你做这样的事。”他带着遗憾。

“那你能为我做些什么？”

“每年除夕为你做一个手术，免费的，好不好？”他一本正经地说。

我给他逗得捧腹大笑。他一直知道我的过去，却不告诉我。

“你一点儿也不妒忌？”我问他。

“如果妒忌另外一个人，不是太没有自信心吗？”

我看着他的侧脸，那一刻，我爱上了他。

他握着我的手问我：“今年除夕，你会不会和我一起度过？”

“刚刚过去的除夕，我们不是在医院走廊一起度过了一分钟吗？”

我们集团旗下一个商场打算在圣诞节跟电台合作举办一个大型音乐会，十一月初的一个周末，我跑上电台跟负责人洽谈时，在大堂碰到林方文，那是分手后，我第一次跟他相遇。

“你好吗？”他跟我说。

“很久没有听到你的歌了。”我说。

“近来没有什么好作品，不听也罢。你来电台干什么？”

“我们赞助一个音乐会。”

“哦。”

接着，是一阵沉默。

“我走了。”我要比他先开口说分手。

“你离家的那一天，我在路上拾到一只纸飞机。”他说。

我心头很酸，回敬他一句：“乐姬近来好吗？”

他沉默。我潇洒地离开，心里却伤痛，为什么我没有告诉他，我已经有男朋友，是不是我还舍不得他？

我约了徐起飞吃午饭，他完全看不出我有心事。他提议看电影，我却不想去。

“我带你去一个地方。”他说。

“我什么地方都不想去，我很累。”

“你会喜欢的。”他拉着我走。

他开车到沙滩。

沙滩上，有两个男人正在打沙滩排球。徐起飞跟他们挥手。

“你认识他们？”

“我们以前一起打排球的。他们每个星期都在这里。”他说。

“我和我女朋友一起加入。”他跟他们说。

我已经很久没有试过在阳光普照的下午打排球，许多快乐仿佛又回来了。我在沙滩上兴高采烈地打滚，满身都是沙，心不再酸，是徐起飞把阳光带给我。

后来有一天，我跟迪之和光蕙一起吃晚饭，迪之说：“我发现了一种新的胸罩很好的，穿上以后，胸部很挺很大。你们一定要买。”

“你已经跟石油王子上床了！你说过女人突然想到买新的胸罩，便是已经跟男朋友上床了。”我取笑她。

她淫笑："这还用说？我们早就上床了。你跟徐起飞上床没有？"

"我不回答你这个问题。"

"等于默认。医生上床会不会像做手术那样严肃？"

"你问小绵。"我说。

"小绵生了孩子，是个男的。那天，我在街上碰到他们一家三口。小绵整个人至少胖了三十磅，脸上长满红疹，腰肢很粗，肚子很大，好像还有一个孩子在肚里未出来。"迪之说。

"你说得很恐怖。"我说。

"这不算最糟糕，最糟糕是孩子长得一点儿不像她，像极了大蚂蚁。"

"小绵是我们之中最早结婚生子的。"我说，"时间过得真快。"

"下一个可能是我，嘻嘻。"迪之甜丝丝地说。

光蕙突然伏在桌上痛哭起来，把我们吓了一跳。

"光蕙，你哭什么？"我问她。

"我到现在还是处女。"她呜咽。

我和迪之对望，不知道应该同情她，还是取笑她。

"我也希望自己是处女。"迪之说，"跟田宏上床的时候，我一直很懊悔，为什么我不是处女？当你爱一个男人，你会想把最好的东西留给他。可是，我现在无法做得到，但你还可以。"

跟徐起飞一起，我从来没有后悔我已经不是处女，也不后悔把最好的东西给了林方文，是不是我还是爱林方文多一点？

一九八九年的除夕，徐起飞要在医院当值，他约定我一月一日晚上吃饭庆祝新年。除夕，我跟着光蕙和孙维栋在兰桂坊一间法国餐厅吃晚餐。

孙维栋最近做了一件他自己很引以为荣的事。他看见经常在他诊所附近行乞的老乞丐满口坏牙，他把他请上医务所，替他换了一口新的牙齿。

“你根本用不着这样善心，很多乞丐其实很富有。”光蕙责备他。

他不以为然说：“他很感激我。”

孙维栋总是不明白，女人要是喜欢你，即使你是一个十恶不赦的坏蛋，她还是喜欢你。如果她不喜欢你，你是善长仁翁也毫无意义。

孙维栋去洗手间时，我跟光蕙说：

“你不喜欢他，为什么要拖拖拉拉，已经一年多了。”

“是的，我闷得想吐，但甩了他，像今天这种节日，由谁来陪我？”

“真的没有别的追求者？”

“有一个男同事追求我。他人不错，很勤奋，很有上进心，也很细心。”

“那为什么不考虑一下？”

“他跟家人住在屯门。”

“那有什么问题？”

“即是说他的家境不好，他的薪水比我低。”

“你说他很有上进心。”

“我不想作长线投资。我把青春投资在他身上，他成功了，也许会爱上另一个女人。他失败了，我一无所有。我已经不想跟一个男人在街上等巴士。我不会嫁到屯门去。”

我突然很挂念徐起飞，即使他不是医生，我也不介意。我别了光蕙和孙维栋这双怨侣，在午夜十二时前赶到医院。徐起飞正在当值室内。

“新年快乐！”我倒在他怀里。

“新年快乐！”他抱着我说，“我正在想你。”

“我也在想你。”我温柔地跟他说。

“你不是跟光蕙和孙维栋一起的吗？”

“我希望你是我在九十年代第一个见的人。”

“是的。一九九零年了。”他吻我。

他的传呼机响起。

“护士找我，我出去看看。”

我独个儿留在医生当值室，那里有一台收音机。一九八八年除夕，林方文把歌送上电台，一九八九年除夕还会不会那样做？我拧开收音机，找到和去年相同的一个节目，主持节目的，仍旧是去年那位女唱片骑师，播的是一首老歌，不是《明天》，也没有新歌，我很失望。徐起飞突然走进来。

“你想听收音机？”他问我。他的眼神告诉我，他看穿了我。

“不听了。”我说。

“我有一份礼物送给你。”

他从口袋里拿出一个小小的红色绒盒子给我。

绒盒子里面放着一枚白金钻石指环。

“这是新年礼物，不是用来求婚的，放心。我替你套上去。”

他把指环套在我左手的无名指上，大小刚刚好。

“你怎么知道我手指的大小？”

“我们两个人第一次约会的时候，你在车上睡着了，你记不记得？”

“记得。”

“我偷偷用放在车上的一条绳子在你左手的无名指上量了一下，就知道你手指的圆周了。那一天，我已经决定买一枚指环给你。”

“为什么是那一天？”

“不知道。自从在教堂见过你之后，便想跟你一起，可惜太迟了，那时你已经有男朋友。后来，你又变成单身，老实说，知道你跟男朋友分手，我很开心。”

对于徐起飞，我是无话可说。

迪之的除夕过得并不愉快。田宏与母亲、姐姐、继父和姨母一家人习惯每年除夕在希尔顿酒店参加舞会。迪之为了那个舞会，心情很紧张，她是头一次跟田宏的家人见面。一月一日下午，我收到她的电话，她在电话里表现得很消沉。

“是不是他母亲不喜欢你？”

“她不断在我面前称赞别的女人，都是千金小姐、律师、医生、建筑师之类，说她们喜欢田宏，我很尴尬。在他的家人面前，我连一点儿自尊也没有，好像我配不起他。”

“田宏怎样说？”

“他说最重要是他喜欢我。”

“那你可以放心了。”

“我从来没有像昨天晚上那么自卑。”

为了安慰迪之，我答应请她喝下午茶。

我约了迪之在咖啡室见面，迪之迟到，我碰到林方文的母亲。她刚好走进咖啡室买蛋糕，她看见我，亲切地跟我打招呼。

"程韵。"

"伯母。"

"很久没有见面了，你近来好吗？林方文怎样？"她坐在我面前。

"我们分开了。"我有点尴尬。

她的表情很意外，问我："为什么会分开？"

我不想说林方文的坏话，她也没有追问我。

"我不了解年轻人的爱情。"她叹息。

光蕙也来喝下午茶，她终于甩掉了孙维栋。她找到一个新的男朋友，那个人叫何明翰，是光蕙上司的朋友，是几间物业代理所的老板，非常富有。他比光蕙大二十年，已婚。

"他疼我疼得不得了，我喜欢什么，他都给我。"光蕙春风满面。她手上的钻石指环比我那一枚大得多了。

"但他是有妇之夫。"我说。

"我和他一起很快乐。"

"你这样不等于做了他的情妇吗？"迪之跟她说。

"情妇是很浪漫的身份。"光蕙说。

"我才不要做第三者，我要做正印。"迪之说。

"何明翰跟卫安不同，他很有情义。"光蕙揶揄她。

迪之冷笑："他是不是跟你说，他跟那个女人已经没有感情，只有责任？他是不是说，你是他一生中最爱的女人？"

光蕙哑口无言。

"男人都是一样的。"迪之说，"他无论如何也不会离开那个女人。"

"我不需要他离开她。"光蕙倔强地说。

“也许有一天他会离开你。”我说。

“总比跟孙维栋一起好，这个世界，好男人太少了，我没有你们两个那么幸运，找到条件好的单身男人。”光蕙苦笑。

迪之听到光蕙自怜，也内疚起来：“我也不见得好，我要跟一个封建家庭对抗。”

“可能是我有问题吧，我迷恋有缺憾的爱情。我现在才发觉林放从前写给你的《明天》写得真好。”光蕙哼着歌：

> 告诉我，
> 我和你是不是会有明天？
> 时间尽头，会不会有你的思念……

迪之极力讨好田宏的母亲，圣诞节还没有到，她已经在想该送什么礼物给她。我倒想送一件毛衣给徐起飞。那天，我们一起逛百货公司。

“你爱徐起飞吗？”迪之问我。

“为什么这样问我？”

“我觉得你好像仍是爱林方文多一点。”

“为什么这样说？”

“只是一种感觉。”她说，“你忘了我们的月经是同一天来的吗？我和你有心灵感应。”

“我现在爱徐起飞。他对我很好。”

“你最大的弱点便是爱才。”迪之说。她突然推了我一下，说，“你看看是谁？”

我看到乐姬，她一个人在那里买男装内裤。她手上正拿着一条黑色比基尼内裤。

“林方文爱穿这么性感的内裤的吗？”迪之问我。

“也许他的品味改变了。”我说。

“我们走吧。”我说。

太迟了，乐姬看到我和迪之，更主动走到我们跟前来。

迪之跟她说：“替男人买内裤，不是每一个女人都做得到的。你真开放！”

乐姬不甘示弱，说：“有什么稀奇，你不会没有看过男人穿内裤吧！”

“林方文好像不喜欢穿黑色的。”我说。

“不是买给他的。”乐姬潇潇洒洒地说，“我跟他分手了，我真不明白，你如何忍受他。”

我以为我一直努力忘记林方文，可是听到他和乐姬分手，我竟然有一个很坏的想法，他会不会回到我身边？

回到家里，当我走进睡房时，竟然听到艾尔加的《爱情万岁》。原来是林方文送给我的瓷像老人音乐盒在拉小提琴，没可能的。

“可能是刚才替你收拾房间的时候不小心碰到了开关。”母亲说。

为什么那样巧合？瓷像老人幽怨地拉奏一百年前的盟誓，每一个音符都叫人伤痛。

电话也在那个时候响起。

“喂——”我战战兢兢拿起电话筒。

“是我。”是徐起飞。

“我有一个好消息告诉你，今年除夕我不用当值，可以陪你。你喜欢到什么地方吃饭？”

“去哪里都可以。”我的心很乱。

“去兰桂坊好不好？”

“好的。”

“起飞——”

“什么事？”

我突然不知道该跟他说些什么话，我也许想知道我爱他有多深。

“什么事？”

“我们一起度除夕。”我告诉自己，忘了林方文吧。回去他身边，只会换来多一次痛苦，而且他也许已经不爱我了，而徐起飞是我实实在在掌握得到的男人。

我戴着徐起飞去年除夕送给我的钻石指环，跟他在兰桂坊一间法国餐厅吃除夕晚餐。看到我戴着指环，他很快乐。

我在烛光下凝望徐起飞，他的脸很好看，甚至比林方文好看，他的脸上没有辜负。我应该是爱他的。

“为什么这样看我？”

“没什么。”我说，“我有一份礼物送给你。”

我把一件灰色开司米毛衣送给他。

“冬天的时候，可以穿在西装里面。”我说。

他很喜欢，坚持现在就要穿在身上。

“可惜我打毛衣的技术很差劲，我该打一件毛衣给你。”我有点儿惭愧。

“挑选一件毛衣也很费心思的。女人不应该把青春花在打毛衣之上，我也有一份礼物送给你。”

他从口袋里拿出一盒礼物给我，我打开盒子，里面有一枚女装皮带腕表，很精致。

“你用不着送这么昂贵的礼物给我。”

“你戴上会很好看的。来吧，我替你戴上它。还有一个钟头便是一九九一年了。每年除夕晚上，我们一起看时间，好吗？”

我点头。

离开餐厅时是十一时四十分，街上挤满了人，我们到酒吧喝酒。

我走进人群里去找洗手间，这个时候，有一个人叫我，我回头，原来是林方文，没想到我竟然在除夕夜碰到他。

“你跟谁一起来？”他问我。

“男朋友。”

那是我第一次向他提及男朋友。

他看来有点无奈。

“对不起，我要上洗手间。”我冷冷地跟他说。他用身体顶住人群，留一条小路让我通过。

“谢谢你。”我说。

在洗手间里，我在镜前端详自己，想起林方文背叛我的岁月，需要很久很久，那个伤口才不再痛，我若爱惜自己，便不要软弱。我深深呼吸了一口气，离开洗手间，他站在洗手间门外等我，像一个沮丧失意的孩子。

“再见。”我跟他说。

酒吧里有人高声宣布还有一分钟便是一九九一年了。人愈来愈多，一个外籍女人差点把我推倒。

林方文连忙拉着我的手。

酒吧里人声鼎沸，大家准备迎接新年。

“和我一起度过这一刻好吗？”他紧紧握住我的手。

“我们曾经这样的，只是你不珍惜。”

“我很挂念你。”他抱着我。

我推开他，骂他：“乐姬走了，你太寂寞，是不是？”

我挤进人群里，心酸得任由人群推撞，突然有一只温暖的手拉着我，是徐起飞。“你到哪里去了？我四处找你。”他焦急地说。

酒吧内有人倒数一九九零年的最后五秒。

“我差点以为我们会错过这一刻。”徐起飞拥抱着我。

一九九一年来临了，人群欢呼，我喝了一口香槟，像水果那样甜，但调和不了心里的酸。

“新年快乐！”我跟徐起飞说。

我回头，没有看见林方文。

新年过后第一天上班，我的上司问我，是否愿意经常回去内地做商品推广的工作；如果我愿意的话，他会把我升做推广经理，薪水也大幅提高，还有出差的津贴。他给我三天时间考虑。第二天，我答应了他。

“你有没有考虑过徐起飞？”迪之问我。

“这是一个很好的机会。”我说。

“但你一年之中有四个月不在香港，徐起飞怎么办？”

“他的工作也很忙碌。”

“你有没有跟他商量？”

“他不会反对的。”

“你不害怕失去他吗？他条件这样好，自然有很多诱惑。”

“不会的，他那么爱我。”

“你是否知道自己在做什么？你在虐待自己。你本来很幸福，却要把自己弄得很孤单。”迪之骂我。

“爱情太不可靠了，只有事业才是一分耕耘一分收获的，我想有自己的事业。”我说。

“如果你真是这样想就好了。”

徐起飞是最后一个知道这件事情的，我一直不知道怎样跟他说。那天吃饭，他很开怀，他那阵子收到一位女病人很多封情信，我们常常拿那些情信来开玩笑。

“我还没有收过你写的情信呢。”我跟他说。

“我写得不好，怕你取笑我。”

“好歹也写一封嘛，我很想收到男孩子的情信。”

“这比起做一个大手术更困难。”他笑着说。

“我有一件事情跟你说。”

“什么事？”他问我。

“以后我要经常到北京工作，一个月大概会在那边十到十二天。”

他的笑脸突然僵住了。

整顿晚饭，他没有再跟我说话，他心里一定恼我事前没有跟他商量便选择了以后相处的方式。

在车上，他一直没有望我，他从来没有试过那么冷漠。他把车停好，准备送我上去。在停车场，他终于忍不住开口问我：

“你有没有考虑过我？”

“这是一个好机会，你也知道，内地发展的潜力很大。”

“我不想听这些！”他发怒。

他头一次对我那么凶。

“你在逃避我！”他说。

“你胡说。”我反驳，“你太自私了，你希望我留在你身边，你不想我有自己的事业。”

“你知道我不是的。”

“我不想有一天，当我的男人离开我，我便一无所有。”我呜咽。

“你知道我不会的。”他认真地说。

“谁又可以保证明天呢？”

“你可不可以不去？”

“我已经答应了别人。”

“难道只有这份工作才有前途？”

“我没有别的选择。下星期一我便要过去，对不起。”

“也许我提出分手你也不会反对的。”他说。

我站在那儿，没想到他会提出分手。我没有再看他的脸，掉头跑回家。我一个人跑进电梯里，放声大哭。我骗倒徐起飞，却骗不倒自己。是的，我在逃避林方文，我想离开这个地方，放逐自己，或者把自己关起来，让自己孤单、伤心、寂寞。我想虐待自己，我害怕我会辜负现在爱着我的男人，回到从前那个辜负我的男人身边，唯一的方法，便是逃避。

徐起飞一直没有再来找我。在我准备出门的那天早上，他出现了。

“我来送你去机场。”他温柔地说。

他替我拿行李，走在前面，我看着他的背影，那么坚强，那么温柔，那么值得倚靠，我却逃避他，我凄酸地流泪。在车上，我俩默默无言，我不知道他是好歹做一个完美的结局，见我最后一面，送我一程，还是他决定回到我身边，也许他自己也拿不定主意。

在机场，他替我办好登机手续。

“你应该进去了。”他跟我说。

“你没有话要跟我说？”我突然有点舍不得。

“你什么时候回来？”他问我。

“下星期一晚。”

“我来接你好吗？”他脸上绽露笑容。

我微笑点头，投入他怀里，他把我抱得好紧，跟我说：“对不起，令你伤心。”

我在他怀里摇头，我怎能忍心告诉他，令我伤心的，也许不是他。

原来有本事令人伤心的人，才是最幸福的，是两个人之间的强者。我和徐起飞都不是强者，林方文才是。

在北京的工作比我想象中忙碌，原以为在那个地方我可以仔细想想我和两个男人的爱情，结果我连休息的时间都没有。在北京七天，我连故宫和天安门也没有去过。离开北京的早上，还要参加一个冗长的会议。

黄昏时，我匆忙赶回酒店收拾行李。当我走出电梯，徐起飞竟然站在我的房间门外。

“你不是说会接我的吗？”

“我现在不是来了吗？我来这里接你回去。”他说。

出于感动，在飞机上，我跟徐起飞说：“我放弃这份工作好吗？那么我们便不用分开。”

“这是你的事业，不要那么容易放弃，我不是一个自私的人。”

“你太伟大。女人固然不必太伟大，但男人太伟大可能会失去一个女人。”我说。

“如果结果是这样，我也无话可说。”他握着我的手，温热着我的心。

回到香港的那天晚上，我接到林方文的电话。

“你有空一起吃饭吗？”他问。

“有什么事可以在电话里说。”我冷冷地跟他说。

“没什么。”

我挂断电话。我为自己能拒绝他而骄傲，曾几何时，他主宰了我的一切。

留在香港的十多天，我有一半时间跟徐起飞一起。因为他，我才有拒绝林方文的勇气。我很想告诉他，林方文找过我，希望他会妒忌，会阻止我，我怕我没有能力继续拒绝林方文。可是，我没有勇气告诉他。我若把事情告诉徐起飞，他一定会从我脸上看到我的眷恋和迷惘，恼恨我仍然爱着林方文。

离开香港往北京工作的前一天晚上，徐起飞要当值，我一个人在家里收拾行李。这个时候，电话响起，我以为是徐起飞。

“程韵，是我。”是林方文。

“我就在附近，你可不可以出来见面？我保证不会有任何事情发生，我只是想找一个朋友倾诉。”

他从来没有试过在我面前那么低声下气，我心软了，答应出去跟他见面。

他在我家附近的公园等我。

“我来了，有什么话要跟我说？”

他一直不说话。

我按捺不住，问他："你是不是打算继续沉默？如果你没有话要跟我说，我想回去。"

"我只是想看看你。"他凝望着我。

我硬起心肠问他："那么你看够了没有？"

"你变了。"他说。

"是的，我已经不是那个躺在你胸膛上看月光的女孩子，也不是那个听到你的情歌会流泪的女孩子。"

"你恨我？"他问我。

"我无须隐瞒你。"

他苦笑："你现在快乐吗？"

"很快乐。"我故意幸福地微笑。

"那就好了，我不会再骚扰你。我只是担心你不快乐。"

"你太自大了，没有你的日子，我也生活得很愉快。"

"是的，你脸上写着幸福两个字。"

"是吗？谢谢你。我要回去收拾行李，我明天要上北京。"

他笑得很无奈。

"再见。"我跟他说。

"再见。"他说。

我转身离开，离开他的视线。我刚才装着很幸福的样子，不过用来抵抗他的诱惑。他的觉悟来得太晚了。

我听到口琴的声音，应该是很远的，却沉重地压在我的心里，那首歌是我熟悉的，是林方文写给我的除夕之歌：

这一切的败笔，是因为我的怯懦，你的愚痴？

千年的等待，难道只是为了等待一次缘尽，一次仳离？

难道这年代，真是一个属于翅膀和水生根的年代？

能漂的都漂走，能飞的都远逝。

只有思念和忘怀，只有无奈和无奈……

我仍然是那个听到他的情歌会流泪的女孩子。

我在北京和香港之间来回了很多次，林方文遵守诺言，没有再找我。对他来说，那天晚上求我跟他见面，已经很不容易，他从来不会求我。

八月的时候，迪之和光蕙结伴来北京探我，我们一起游故宫，那还是我头一次游故宫。

“上次我们一起去旅行是两年多前的事了。”我说。

“是啊！我觉得自己老了。”光蕙说。

“那是因为你跟一个年纪比你大二十年的男人恋爱的缘故。”迪之跟她说。

“你和他怎样？”我问光蕙。

“我来这里之前，刚刚和他吵架。”

“为什么？”

“为了他太太。”

“我早就警告过你。”迪之说，“这是第三者的下场，不会有结果的。”

“你呢？”我问迪之，“你的伯母政策有效吗？”

“我来这里之前刚刚跟田宏吵架。我愈来愈忍受不了他，正确一点说，我是忍受不了做他的女人的压力，我很累。”

“我也累，真是怀念没有男人的日子。”光蕙倚在我肩膀上说。

“我也很累。”我说，“有一个男人对你好，也是一件很疲累的事。”

在迪之和光蕙离开北京前的一天晚上，我们结伴去吃清真烤肉，庆祝迪之跳槽到一间新的唱片公司当公关经理。清真人的烤炉有一张六人饭桌那么大，我们一边烤牛肉，一边唱《明天会更好》，迪之提议喝五加皮，我和光蕙只能奉陪一小杯。

“我也有一个好消息告诉你们，我刚刚完成了一宗买卖，价值一千二百万。”光蕙说。

“佣金不少呢，恭喜你！”我跟光蕙碰杯。

“去他的男人！”迪之说，“我们不需要男人。”

“是啊！我们不需倚靠男人，也有本事活得很好。”光蕙说。

“我需要男人的。”我说，“我才不要跟你们两个人一生一世。”

“你猜你会不会嫁给徐起飞？”迪之问我。

“我也不知道。”

“你别忘了我们三个人的协定，如果你最先出嫁，要赔偿我们每人五千元。”光蕙说。

“也许是迪之先出嫁呢。”我说。

迪之呷了一口五加皮，没理我们。

饭后，我们手拉着手逛天安门。喝了五加皮，我的身体发烫。

迪之醉醺醺，问我：“什么是一生一世？”

我正在思索一个最好的答案，迎面而来的，是三个北京青年，打扮很前卫。跟三个青年走在一起的，如果我没有醉眼昏花，应该是林方文。在那个广阔的天地里，当我思索着一生一世的问题时，何以偏偏遇上他？

“很久没有见面了。”林方文望着我说。

林方文望着我，想说什么似的，我浑身发热，身体像被火烫一样，什么也听不到就昏了过去。

醒来的时候，我睡在酒店房间的床上，迪之和光蕙坐在床边。

“你喝醉了，刚才在天安门昏倒，是林方文把你抱回来的。”迪之告诉我。

“他走了？”

“走了，他一直抱着你回来，他抱着你的动作真好看，他是很适合抱着你的。”迪之躺在我身旁说。

“他好像还很爱你。”光蕙也躺在我身旁。

“迪之，你刚才不是问我什么是一生一世吗？”我问她。

“是的。”

“一生一世是不应该有背叛的。”

“不。”光蕙说，“一生一世是那个人背叛了你，你仍然希望他回到你身边。”

“我没有这个希望。”我说。

“那忘了他吧！”迪之说，“才子不太可靠，还是医生比较脚踏实地。”

“他为什么来北京？”我问迪之。

“那三个北京青年是一支地下乐队，他跟他们是好朋友。”

北京的冬天来得很早，十月已有寒意，十一月已经要穿上大衣了。十一月底，是我那一年度最后一次需要上北京工作，徐起飞送我到机场。上机之前，他把一个纸袋交给我，纸袋里，有一盒重甸甸的东西。

“是什么来的？”

“你上了飞机才看。”他神秘地说。

在飞机上，我打开盒子，原来是一件风雨衣，捧在手上，很温暖。徐起飞应该正在车上，想到我看见这份礼物时，会幸福地微笑，可是我没有，我毫不感动。我对自己的反应有点吃惊，从前他为我做的每一件事，我也感动，可是，自从在天安门再碰见林方文之后，徐起飞已经不能感动我了。我对他所做的事，开始无动于衷。

那一次我从北京回来，他来接机，看见我没有穿上那件风雨衣，很失望。

“那件风雨衣是不是太大了？”他问我。

“不是。”

他没有再追问。

十二月三十一日，徐起飞不用当值，可以陪我度除夕，我们选择跟去年一样在兰桂坊一间法国餐厅吃饭。

我买了一枚塑胶手表送给徐起飞，他很喜欢。

“这个型号很有收藏价值呢。”他说。

我花了很多时间，才找到那枚手表，我觉得我应该对他好一点，我不断辜负他。

他送给我的礼物是一枚蓝宝石指环，是秋天里天色刚晚的蓝色，很漂亮。

“为什么是蓝宝石指环？”我问他。

“我们的爱情是蓝色的。”

“蓝色？为什么？”

“像秋天里天色刚晚的蓝色，我不知道它是否会变成黑夜，还是经过了黑夜之后，又会再度明亮。”他凝望着我，有点迷惘。

我突然下定了决心：“对不起，也许我们应该分手。”

他听到那句话，嘴巴紧闭着，脸有点发青。

“我替你套上指环。”他伤感地拉着我的手。

“不，不要给我，你留给一个更值得你爱的女孩子吧。”我难过地说。

他低下头，一直默默地吃光面前的东西，没有理会我。临危不乱，也许是他的职业病。

晚上十一时三十分，他吩咐侍应结账。

“我们出去倒计时。”他站起来。

“你先收回指环吧。”

“给你的东西，我是不会收回的。”他拉着我的手离开，没有理会放在桌上的指环，我唯有把指环放在我的皮包里。

兰桂坊的主要通道上都挤满了人，人潮比往年更厉害。许多人在临时搭建的舞台前面等候倒计时，舞台上有乐队演唱。徐起飞拉着我的手走进人群里，他的手很冷，他使劲地握着我的手，丝毫不肯放松。

“我的手很痛。”

“对不起。”他轻轻放开了我的手，“我害怕你会走失。”

外籍主持人拿着一瓶香槟跑上台，他说是新年礼物。他询问哪一位观众想拿走那份新年礼物，兰桂坊里所有听到这句话的人，差不多都举手，我没有，但徐起飞举起了他的手，他昂首挺胸，以志在必得的神情遥遥盯住台上的洋人，洋人也许被他的坚定慑住了，在千百只高举的手之中，选择了他。看着他跑上台，我很讶异，他从来不会做这种事。

徐起飞在洋人手上接过香槟，对着扩音器宣告："程韵，I love you forever！"他以哀伤的眼神望着我，整个兰桂坊的人都为他鼓掌。

徐起飞捧着香槟跑到台下，我和他的距离差不多有二十米，人群将我们分开。外籍节目主持人在台上带领大家倒数最后十秒迎接一九九二年的来临，台下的观众忘形地喝彩，人潮从四面八方涌到，我看见徐起飞吃力地穿过人群，想走到我身边。他那么强壮，却被人群挤压得露出痛苦的表情，我尝试走向他，双脚不断被人践踏，他示意我不要再走，他正努力走向我。

台上的外籍主持人倒数一九九一年最后三秒，徐起飞和我之间，还相隔了几十个人，他一定很想和我度过那一刻，我也渴望可以跟他度过我们一起的最后一个除夕，可是，我们都要失望。整个兰桂坊的人狂欢、跳舞、喝酒、喷出缤纷的彩带，一九九二年来临了，徐起飞终于来到我面前。

"新年快乐！"我跟他说。

"对不起。"他抱着香槟说，"如果不是为了这瓶香槟，便不会错过跟你一起倒计时。"

"我们只是迟了片刻。"我安慰他。

"迟了就是迟了。"他沮丧地垂下头，把香槟放进口袋里。

"对不起，是我负你。"我跟他说。

"你从来没有忘记他？"他问我。

我无话可说，我骗不倒他。

"你和他复合？"

"没有。"

"那为什么？"

我凝望着他，不忍心告诉他我对他的爱太少太轻了。

我把放着蓝宝石指环的绒盒子从皮包拿出来给他："这个还给你。"

他接过绒盒，放在口袋里。

"我送你回家。"他平静地跟我说。

"不用了。"

"走吧！"他拉着我的手。

我双脚很痛，走了几步路，已经走不动了。

"我走不动。"我跟他说。

我坐在石级上，双脚痛得几乎失去感觉。

"我替你脱掉鞋子看看。"

他替我脱掉鞋子，我的脚趾正在淌血。

他从口袋里拿出那一瓶香槟，"卜"的一声拔掉瓶塞。

"你干什么？"

他把香槟倒在我的一双脚上。

"酒精可以消毒。"

他在口袋里拿出一条手帕，细心为我洗擦伤口。金黄色的香槟麻醉着血肉模糊的伤口。

"想不到我会用这种方法来喝香槟。"我苦笑。

"还痛吗？"他问我。

"不那么痛了。"

"新年快乐。"他跟我说。

"新年快乐。"我说，"你会不会恨我？"

"你以为呢？"

我点头。

他失望地说："你还不了解我？现在或将来我也不会恨你。我仍然觉得你在教堂里唱歌的模样很可爱，真的很可爱，值得我为你做任何事。我们可以一起两年已经是我意料之外的事，我以为你不会给我机会。虽然你没有爱过我……"

"不。"我阻止他说下去，"我曾经爱过你，只是那些岁月太短暂。你对我来说，是太好了。"

"我们回去吧。"我跟徐起飞说。

"你走得动吗？"

"可以的。"我强忍着痛楚。

"我来背你。"

"不用。"

"让我为你做最后一件事情吧。"他在我跟前弯下身子，"来！"

我提着鞋子，爬到他的背上。

"我是不是很重？"我问他。

"因为他是你第一个男人？"他问我。

"因为我不想骗你。"我说。

"你跟我做爱时，是不是想着他？"他问我。

"为什么要这样问？"

"我想知道。"他一边走一边说。

"不是。"我说了一个谎话令他好过点，事实是在我第一次跟他做爱的时候，我是想着林方文的，以后有好几次，我也是想着他，但也有好多次，我只想着徐起飞。

我看不到徐起飞的脸，不知道他是否相信我的话，是哀伤，还是凄苦地笑。

他把我放在车厢里，开车送我回家，他的一双皮鞋原来也破了。

“你双脚有没有受伤？”我问他。

“没有。”

他背着我爬上楼梯。

“再见。”我跟他说。

他吻我，我没有反抗，他抱紧我，把脸贴着我。

“再见。”他说。

我从窗口看着他离去，才发现他走路一拐一拐的，他的双脚一定也受了伤。

除夕之后，我再去北京公干，徐起飞没有来送行，他永远不会再出现了。除夕夜，看着他离去的背影，我很想收回我的话，尝试再爱他一次，可是，我还是铁石心肠。如果光蕙知道，她一定说我傻，在未找到另一个男人之前便跟他分手。也许是因为孙维栋吧。看着他被光蕙折磨，尊严丧尽，我不想让一个用心爱我的男人受那种折磨。

从北京回来，徐起飞没有来接我。一个人提着行李等计程车原来是很寂寞的，却比以前轻松，我不用再背负一个男人的爱。

回到家里，案头有一封信，我打开信封，是徐起飞写给我的信，信里说：

> 不能把你留在身边，不是你的过错，而是我的失败。在你曾经爱过我的那些短暂岁月里，我或许是世上最幸福的人，只是那些日子已成过去，要留也留不住。我知道爱不可以乞求，如果我能够为你做一件事，便是等待。

我曾经对他说过我从来没有收过男孩子的情信，他说要他写一封情信比起做一个大手术更困难，他终于写了，而我能为他做些什么？原来当你不爱一个人，他的情信只是一份纪念品而已。

晚上，我接到徐起飞的电话。

“我们一起吃饭好吗？”他问我。

“不行，我约了迪之和光蕙。”我找个借口推了他。

他沉默。

“你的脚怎样？”我问他，“那天晚上，我看到你走路一拐一拐的。”

“不要紧，只是擦伤了，你一直望着我离去？”

“起飞，”我说，“忘了我吧！”

“明天我要负责一个大手术，是我从没有做过的。手术失败，病人便会死。我想跟你见面，最后一次，好不好？”他用失去自信的声音请求我。

我无法再拒绝他。

一小时后，我们在餐厅见面，他的样子很颓丧。

“你不用为手术做准备吗？”

“要的。”他叫了一瓶红酒，问我，“你要喝吗？”

“你还喝酒？”

“我唯一可以做的准备便是喝酒。”

他呷了一口酒。

“我替你喝。”我拿过酒杯。

他握着酒杯不肯放手，说：“请让我喝酒，世上也许没有一个不喝酒的外科医生。”

“为什么？”

“压力太大了。”

“但你从来没有像今天晚上喝得这么多。”

“因为从前有你，只要看见你，我就会忘记所有压力。”他不理会我的劝告，悲哀地喝酒。

“请为病人着想。”我怪责他。

“我也是病人。”他苦笑。

“那我陪你喝。”我跟徐起飞一起喝光那瓶红酒。

“好了！不能再喝了。”徐起飞站起来说，“再喝的话，明天便不能做手术，我不可以要另一个人因为我的失恋而赔上性命。”

“你一直是一个很理智的人。”我说。

“我一直想做一个不负责任的人。”他苦笑。

离开餐厅，徐起飞问我：“我可以再抱你一次吗？”

我点头。

他用身体把我包裹着，十只手指紧紧抓住我的背部，我的背很痛，他的脸很烫。我让他抱着，不知道他想抱多久。

“我不想失去你。”徐起飞苦涩地说。

我没有说话。

他终于轻轻地放开手：“再抱下去我就舍不得放手了。”

“你有没有喝醉？”我问他。

“我从来没有试过醉酒，太清醒可能是我的悲哀。”

“手术什么时候开始？”

“明天早上七时四十五分。”

我看看腕表，已经差不多是凌晨两点钟了。

“你快点回去休息，答应我，你明天早上会做得很出色的。”

他点头。

我在床上想着徐起飞，我真害怕他的手术会出岔子，那么，他的前途便完了。我迷迷糊糊地睡了，醒来的时候，刚好是清晨七时四十五分，他应该已在手术室做好准备。

他说手术需要六小时，我在办公室里一直忐忑不安，下午两点钟，我传呼他。两点三十分，他仍然没有回电话给我，我再次传呼他，终于，在三点钟，他回电话给我。

"手术成功吗？"

"很成功。"

"恭喜你。"

"谢谢。"

他的语气很平淡，跟昨晚判若两人，我有点意外。

"那没什么了。"我说，"再见。"

"再见。"他挂了线。

他已经决定忘记我，他开始用恨来忘记我。

在家里收拾东西的时候，我把徐起飞写给我的信放在抽屉里，我大抵不会再看了，他已经有三个月没有找我。他比我想象中平静得快，那是他的职业病。他习惯了坚强、自信、不悲观、不乞怜。那个早上，当他完成了一项艰巨漫长的手术之后，他已经决定忘记我。从他说话的语气里，我完全感觉得到。他突然接受现实，我却依依不舍。原来一个曾经多么爱你的男人，有一天，也会变得很绝情，他最爱的，还是自己，他不想自己再受伤害。

跟徐起飞分手后不久，小绵曾经打电话给我。

"你们分手了？为什么？"

"他现在怎么样？"我问小绵。

“他表面上没有什么，你知道他们干这一行的，心里怎么想，表面上是看不出来的。我替你们可惜，他是个很好的男人。”

“我知道。”

“真希望可以看到你结婚。”她说。

我苦笑：“应该会有那一天吧！”

“告诉你一个好消息，”她喜滋滋地说，“我怀了第二胎，希望是女的吧。”

“恭喜你，你是我们当中最幸福的一个。”

“也许是我的要求比较简单吧。”

小绵选择了一条最正常的路，她说。她嫁给一个养得起她的丈夫，生两个孩子，相夫教子。未来的日子，是为儿女该上哪一所幼儿园、小学、中学和该到哪个国家留学而烦恼。四十岁时，担心丈夫有外遇；侥幸过了这一关的话，便要为儿子娶什么女人、女儿嫁什么丈夫而操心。并非每一个女人都要得到最好的爱情，她们明白代价。只有我这种女人，才会为了虚无缥缈的爱情浪掷青春，到头来一无所有。

公司在北京的业务已经上了轨道，并且聘请了两名职员，专责北京事务，我的工作基地又变回香港。

“林方文好像也是一个人。”迪之告诉我。她的消息来自唱片界。

“一个才子不可能没有爱情的，否则就写不出情歌了。”我说。

“失恋也是创作的源泉。”迪之说。

“你甚少会说出这么有智慧的话。”

“你这么刻薄，真该由林方文来收服你。”

“你既然和徐起飞分手，为什么不去找林方文？你也不过是为了他吧？”光蕙问我。

“我跟徐起飞分手，是因为我不爱他，而不是为了林方文。”

“如果林方文从来没有出现，你便会死心塌地爱徐起飞。”光蕙说。

“恋爱是不能假设的。”

“二十四岁，我们都快二十四岁了，好像还是昨天的事。”迪之有感而发。

“我曾经以为自己会在二十六岁结婚的，现在看来是不可能了。”光蕙说。

“很难说，世事变化万千。”我说。

“我会搬出来住。”光蕙告诉我们，“他替我租了一所房子。”

“你要正正式式当他的情妇？”迪之问她。

“这样你会快乐吗？”我问光蕙。

光蕙点头：“我一直渴望嫁给一个爱我而又令我生活得很好的男人，他唯一做不到的，只是不能跟我结婚。”

“你有没有想过，当你老了，他回到太太身边，你便一无所有。”我说。

“你现在不也是一无所有吗？至少我和我爱的人一起。”

星期天，我们替光蕙搬屋，她的新房子在跑马地，她终于可以搬去跑马地了，虽然不是嫁去，倒也和嫁去差不多。房子有八百多英尺，装潢很女性化，听说上一个住客也是一个单身女人。单位里有一个小阳台，比林方文家那个阳台大。我站在阳台上，看着一群男孩子在马场草地上踢足球。

“那个穿绿色球衣的很英俊啊。”迪之说。

“你又在看男人？”光蕙走出阳台看热闹，“你已经有田宏了，他不是运动健将吗？”

“他不喜欢踢足球，他嫌踢足球野蛮，我倒喜欢看野蛮的男人。”

“男人本来就很野蛮。”我说。

“是吗？”光蕙问我。

“他们比女人原始，他们的需要也很原始，所以从来不懂得爱。”

“是的，女人比男人擅长爱。”迪之说。

“所以女人常常吃苦。”光蕙说。

“男人对女人就像对待脚下的球，他们只想控制它、驾驭它。”迪之说。

“我喜欢被驾驭的，真的，那是很幸福的。”光蕙笑着说。

“你呢？”迪之问我。

“我在寻找一个男人：只要别人在我面前提起他，我也会俏皮地吐吐舌头，我想做他的坏孩子。”

“但你却爱上一个坏孩子。”迪之取笑我。

“事与愿违，世事都是这样的。”光蕙说。

“不，你们不了解林方文。”我说，“他曾经控制着我的喜怒哀乐，我做每一件事，都是为了令他满意。”

迪之苦涩地望着我们：“我突然不知道最爱哪个男人。”

“也许是太多的缘故。”我说。

二十四岁，是应该过独立生活的时候了，我决定拿积蓄买一所小房子，我看过很多房子，湾仔那一所最便宜，地点也好。最后，我还是选了跑马地的那座，房子比湾仔的那一座老，面积也较小，售价却贵了十万元，因为跑马地的单位里，有一个小阳台。虽然三个人一起挤在阳台上，便再没有多余的空间，那只是一个很小很小的阳台，却给我很大的满足感。

替我搬屋的那一天，光蕙跟迪之说："你也搬来跑马地吧，我们大家可以互相照应。"

"待我结婚后才搬来吧。"迪之说。

"你跟田宏结婚？"光蕙问她。

"他说过会娶我的。"迪之躺在我的床上说，然后她又问我，"你为什么买单人床？"

"我一个人睡，当然买单人床。"

"有男人来留宿怎么办？"

"我一个男朋友也没有，谁会在这里留宿？"

"林方文送给你的瓷像老人，你也搬来了？"光蕙按下音乐盒的开关，艾尔加的《爱情万岁》从音乐盒里传出来。

"太凄怨了。"迪之抱着我的枕头。

"不要再听了。"我把音乐关掉。

"林方文知不知道你跟徐起飞分开了？"光蕙问我。

"我怎么知道他知不知道？"

那天晚上睡觉时，我还是听了一遍《爱情万岁》。

搬来后不到十天，一天晚上，迪之深夜来拍门，我开门的时候，她哭得像个泪人。

"田宏交了新的女朋友。"

"今天晚上他不在家，我随便翻翻他的抽屉看看，看到一张照片，是他跟一个女人手牵手拍的，是十天前。那天，他告诉我，他要陪他妈妈吃饭，原来是跟那个女人一起。"

“你有没有问过田宏？”

“没有。我离开的时候，他还没有回家。”

“为什么不问清楚呢？”

“问了又怎样？难道要他亲口对我说，他爱上另一个女人，他已经不爱我了？我已经受过男人很多伤害，我不想再伤害自己。”

“你打算怎样？”

“离开他。”

“你可以那么潇洒？”

“我不是今天才发现他不爱我的，我今天为什么要翻他的抽屉？正是因为我觉得他不再爱我。”迪之哭着说，“他已经三个月没有跟我做爱了。”

我很讶异，迪之一直没有把这件事告诉我，她一定很痛苦。

“我偷偷找过卫安，跟他上过两次床。我不爱他，但我有那个需要，我觉得自己像一个怨妇。当一个男人不再碰你，那就完了。”

“是什么原因？他不是说过会娶你的吗？”

“他还不想安定下来，所谓美丽的婚礼不过是一部分的情话罢了。每个男人都说过会娶我，结果呢？我曾经很看不开，但对田宏，我是心死了。明知道留不住的，不如潇潇洒洒地放手。我觉得我的心好像有一道疤痕，早已经结成厚茧，现在即使再被伤害一次，也不像从前那么痛了。”

“我叫光蕙买酒来，我们一起喝酒好不好？”我向她提议。

“好！我想喝酒。”迪之哭着说。

光蕙很快便捧着两支香槟来到。

“这两支香槟很贵的。”光蕙依依不舍。

“用来庆祝分手最好！”迪之抢过香槟。

我站在阳台上喝第一杯香槟，向天空说："爱情万岁！"

阳台下，一辆红色法拉利跑车戛然而止，一双男女走下车，女的那个是乐姬，这两个人好像正在吵架。

"你们快来看看。"我把迪之和光蕙叫到阳台上。

那个男人看来有三十多岁，衣履光鲜。乐姬穿着一件白色外套，一条粉红色迷你裙，展露她最引以为傲的一双玉腿。他们正在吵架，我听不到他们吵什么，那个男人好像发很大脾气，他们吵了一阵子，男人要上车，乐姬拉着他，男人坚持要上车，乐姬在哭，男人甩开她。上车后，更把她的皮包抛出车外。乐姬用身体把车子挡住，那个男人竟然开车离去，乐姬可怜兮兮地蹲下来拾起地上的皮包。

"她也有今天。"迪之笑说。

"那个男人，我好像在一本财经杂志上见过他的照片。"光蕙说。

"乐姬的男朋友要不是非富则贵，便是很有名气的。"我说，"林方文是个例外。"

"征服林方文有满足感嘛！"光蕙说。

"来！我们为乐姬给男人抛弃干杯！"迪之把一瓶香槟倒在街上。

"这瓶香槟很贵的！"光蕙制止她。

香槟像一阵雨洒在乐姬身上，她抬头看看是谁的恶作剧。

"嗨！"迪之向她扬手。

我和光蕙拉着迪之飞奔回屋里，三个人倒在地上大笑。

"你猜她知道是我们吗？"迪之问。

"这里是十五楼，她认得我们才怪！"光蕙说。

“我爱死这个阳台了！”我说。

若不是那个阳台，我不会看到像乐姬这样战无不胜的女人，竟然向一个男人乞怜，她也不过如此吧？多么不可一世的女子，在爱情或物质面前，还是要低头。

迪之和田宏的分手很简单。一天，她趁着田宏不在家，回去收拾自己的东西，离开的时候，她把他和那个新欢手牵手的照片用胶水粘在大门上。

那天之后，田宏没有找她。曾经多么缠绵的两个人，就这样平淡地分手了。分手后的迪之，反而开心了很多。田宏有三个月没有碰她，那三个月的煎熬，比分手更难受，我们只是接受不了突如其来的分手。

一九九二年的夏天来了，只有光蕙仍然陶醉在恋爱中。然而，每个星期，她都会跟何明翰吵一次架，然后他们又好像爱得更缠绵。那也许是三角关系最吸引的地方吧。

那天，迪之提议去南丫岛游泳。

“很久没有见过邓初发了。”

“你通常是失恋才想起他的。”我揶揄她。

“他是我第一个男人，他有义务照顾我啊。”迪之理直气壮地说。

邓初发在码头接我们，他的样子和以前没有多大分别。他在南丫岛做些度假屋的生意。他除了没有出息之外，人倒是很好。我记得他从前对迪之说过，会参加奥林匹克运动会，有些男人，总是在女人面前才有梦想。

邓初发弄来三只风帆，在沙滩上教我们玩风帆。我跟徐起飞也玩过几次风帆，迪之技术最好，早已漂到海中心，光蕙从未玩过，频频掉到水里，邓初发忙着照顾她。

那天的风很大，我拉着帆，很快便乘风而去。我的风帆离岸愈来愈远，我看不见邓初发，也看不见迪之，我开始有些害怕，想转变航道回去沙滩。天上突然乌云密布，海水汹涌，风愈来愈大，把我吹得东倒西歪。

我从来没试过那么害怕，那一刻，死亡和我已经很接近了。我还没有听过林方文说“我爱你”，如果那样死去，我很不甘心。

邓初发和迪之驾着快艇来找我。邓初发把我抱住。

我不停地颤抖。

迪之脱下外套让我穿上：“现在没事了，在海上漂流的时候，你想些什么？”

“男人。”我说。

“我知道。是哪一个男人？徐起飞还是林方文？”

我苦笑。

“是不是林方文？想他也应该，万一你刚才死在海上，能替你写一首动人挽歌的，只有林方文。”

“你已经想到挽歌了？我叫他预先替你写一首。”我气她。

“我的挽歌？我的挽歌一定是一首怨曲，一个女人，不断遇上坏男人。”

邓初发怜惜地望着她。

“邓初发是好男人。”我说。

“是的，除了他。”

邓初发苦笑。他像一个多情的船夫，生于这么简单的小岛上，终日与海为伍，他大抵不会理解人间有复杂的感情。

离开南丫岛之后两天，迪之做了一件令我很意外的事。

“我跟林方文吃过饭。”她告诉我。

“他好吗？”

“还是老样子，男人的改变从来不会比女人厉害。我告诉他，你已经跟徐起飞分手。他还是很爱你。”

“他不会这样说的。”

“是我看出来的。”

“林方文不是一个可以付托终生的男人。”我说。

“你什么时候变得这样窝囊的？有什么是一生一世的？你要是只想找一个付托终生的男人，便会选择徐起飞。”

迪之说得对，如果我想找一个付托终生的男人，便不会放弃徐起飞。问题是我想跟林方文一生一世，却怕他办不到。我不想再用痛苦换取短暂欢愉。

“我把你的地址电话给了林方文，他应该会找你的，那时你才拒绝他。”

林方文没有找我。我太了解他了，他不会求我的。他已破例求过我一次，那次我拒绝了，他决不会再求我，而我也不会求他。

夏天过去了，到了秋天，我接到林方文的电话，他来迟了整整一季。

“你有空吗？”他的声音有点不对劲。

“有空。你在哪里？”

“我在附近，我来找你好吗？”

“好。”

我飞奔去洗了一个澡，用最短时间使自己看来容光焕发。

林方文到了。

我们没有说过什么客套话，反而好像一对很久没有见面的朋友。

“这个地方很好。”他说。

“只有三百多英尺。”

“有一个阳台。”他走到阳台上。

我没有告诉他，我为了那个阳台，才买下这所房子，我一直怀念他家里的阳台。

“你还是住在尖沙咀吗？”我问他。

“是的，我留恋那个阳台。”他说。

“当天你在阳台上把九百八十六只纸飞机撒向空中的情形是怎样的？”他问我。

“场面很壮观。”我笑说，“那么你回家的时候在街上拾到一只纸飞机的情形又是怎样的？”

“场面很悲壮，整个尖沙咀都是纸飞机。”他笑说。

我咯咯大笑：“我不相信你。”

“我妈妈过身了。”他说。

我愕然：“怎么回事？”

“是癌病。在一小时前离开的，就在附近那家医院。”他望着街外，一言不发。

我不知道怎样安慰他。

他的一双肩膊突然抽搐起来，激动地号哭。我从来没有见过他流泪，有点不知所措。

“别这样。”我安慰他。

他抱着我，在我肩膊上痛哭，我紧紧抱着他，用体温安抚他。

“我很爱她的。”他哭着说。

“我知道。”

“我没有想到她会死得那么突然，我以为我们还有时间。”

“我们常常都以为还有时间。”

他抱着我哭，泪淌到我的背上，软弱得像个可怜的孩子。

那天晚上，林方文在我家里过夜，他睡在客厅的沙发上，我睡在房里的床上。第二天早上，他向我告别。

“丧礼的事要不要我帮忙？”

他摇头。

“在跟你分手之前，我和乐姬并没有上过床。”他说。

我没有任何表示。

我在阳台上看着他离去的背影。当天提出分手是我太冲动吗？但他后来跟乐姬上过床，那是事实。

数天之后，我打电话给他，我问他丧礼在哪里举行。谁知道他说丧礼已经举行过了，我不明白他为什么不让我参加，也许他仍然不打算求我吧。

秋天过去了。自从那一次之后，我没有再见过林方文。

一天，我接到宋小绵的电话：

“这个周末你有空吗？我的女儿满月了。”

“你生了孩子啦？”我惊讶。

“到这个周末便一个月了，知道你忙，进医院时没有通知你。”

“我一定来。”

“徐起飞也会来的，你介不介意？”

“当然不介意，他怎么样了？”

“还是老样子。”

我和迪之、光蕙一同出席小绵女儿的弥月宴。小绵胖了很多，已经无法令人联想起当年排球队里窈窕的小姑娘了。没想到久违的叶青荷和刘欣平都回来了。青荷在意大利定居，她的职业很冷门，是名画修补专家。她去年嫁给了一位画家。只有青荷这种从来不用为生活忧愁的女人，才有资格爱才子。欣平在英国嫁给一名脑科专家，在那里落地生根，去年还生了一个女儿。

“时间过得真快，我们现在这副样子，不可能再打排球了。”欣平慨叹，“我真羡慕你们，还是自由自在。”

我和迪之、光蕙是有苦自己知。

“乐姬来了！”青荷说，“她愈来愈漂亮。”

“你那位开法拉利跑车的男朋友呢？”迪之揶揄她。

“你说哪一个？”乐姬得意扬扬问迪之。

“把你赶下车的那一个。你有很多男朋友把你赶下车的吗？”迪之笑着问她。

乐姬的脸色登时沉下来。她大概知道那天晚上是谁把名贵香槟从高空倒在她身上了。

徐起飞独个儿来了，我不知道跟他说什么好，两个人尴尴尬尬地笑起来。

“最近还要常常到北京吗？”他问我。

“这一年都在香港。”

开席了，我和徐起飞分开坐，他跟同桌的同事谈笑风生，也许他已复原过来。

散席后，青荷提议我们几个老同学找个地方喝茶聚旧，我上前跟徐起飞告别。

“你有时间去喝杯咖啡吗？”他问我。

青荷和欣平她们在等我，我有些犹豫。

“如果你没空，算了罢。”徐起飞很失望。

“不，我可以。”

我不想让徐起飞失望，告诉青荷我会迟一点到。

我和徐起飞去了一家咖啡室。

“我还以为你恨我。”我跟他说。

“我说过不会恨你的，但人总需要一段时间去复原。”

他低头喝着咖啡，是那么温柔，那么坚强。我突然明白我为什么不爱他，因为他不需要我，他不会因为爱情而堕落，但林方文会的。

离开餐厅，我们在中环走了一段路。经过一间画廊时，我赫然发现那幅大嘴巴费安娜画的画，主角是林方文。他只有一只眼睛，没有一张完整的脸，没有嘴巴、鼻子或耳朵，只有费安娜、我和林方文知道画中的少年是林方文。

画廊老板是一对年轻的外籍夫妇。

“你们是从哪儿得到这幅画的？”我问店主夫妇。

他们告诉我，是从一间结束营业的画廊买回来的。

“画画的人，你们认识吗？”

“费安娜？我们认识，她离开香港很久了。”

“你想买这幅画？”徐起飞问我。

“我买不起的。”

“这幅画似乎不太受欢迎，一直无人问津。”男主人说。

“我看不出这幅画有什么特别。”徐起飞说，“是一个人吗？”

“我们走吧。”我离开画廊。

我曾经为那幅画伤心，费安娜也曾珍之重之，她终于留下画走了，除我以外，也许世上再没有一个女人牵挂他。

徐起飞把我送到我和青荷她们约定的咖啡室外面。

“谢谢你。”我跟他说。

他微笑。

“这个除夕你会怎样度过？”他问我。

“还不知道，你呢？”

“我会在医院当值，毕竟这一天是我们的分手纪念日。”

我目送他离去，感觉突然很陌生。

咖啡室里，青荷、欣平、迪之、光蕙在等我。

“还以为你不来呢。”青荷说。

“怎么会呢？你们在谈什么？”

“爱情啦，婚姻啦，还有孩子。”欣平说。

我悲哀地笑了。不久之前，我们还在谈论第一次月经、发育、乳房的大小、胸罩和排球，现在竟然谈到婚姻和孩子，人生本来就很残酷。

一九九二年的平安夜，我买了一株圣诞树。我把圣诞树放在阳台上，把它布置得七彩缤纷。我和迪之、光蕙提早吃火鸡迎接圣诞。那个除夕，迪之要陪公司旗下的歌手到美国和加拿大登台，光蕙男朋友的太太外游，光蕙可以跟他度除夕。

“你可以找林方文。”迪之说。

我没打算找林方文，我害怕跟他重聚，此后我便要花双倍力量去爱他。他总是耗尽一个女人的能量。

十二月三十日晚，林方文拨电话给我。

“这个除夕你有没有约会？”他问我。

我不知道该说实话还是说谎，犹豫了一阵。

“明天一起吃饭好不好？”

我沉重地呼吸。

“怎么样？”

“好吧。”

“九时整，我在兰桂坊的意大利餐厅等你。”

我放下电话，心仍然在跳，再回去一次便是再冒一次险。

除夕晚上，我穿了一袭新裙子，化好了妆，准备出去，但我突然又不想去。我若再一次看到他的脸，一定逃不了。

我喝了一点酒，脱掉鞋子，躺在床上，想起过去的日子。我觉得自己真是没用，我竟无法拒绝一个曾经背叛我的男人。

电台不停播放欢乐的歌曲。女唱片骑师絮絮说着爱情，我感到一阵晕眩，朦胧间听到她说：“这一首歌，是林方文填词的，他想送给一位女孩子，他曾经答应每年除夕送她一首歌，这首歌的歌名是《你会否相信》。”

那初遇，清澄如水，
但你的睫影，那样馥郁，
你是否谅解，我曾盛满灯油，
却因妒恨的磨蚀，一点点流失。
这重逢，浓烈似酒，
而你的泪光，那样清纯，
你会否相信，在那生生死死梦梦醒醒的夜里，
我再不会放下你走了。

生生死死梦梦醒醒的夜里，是不是指除夕？

我看看腕表，原来已经是十二点钟了，林方文会不会还在那里等我？我疯狂地思念他。我连忙穿上鞋子，赶去兰桂坊。

我打开门，他正站在门外。

“你为什么不来？”他问我。

“我不想见你。”我咬着牙说，“对着你，我会输的。”

“新年快乐。”他从口袋里拿出一只用白纸折成的飞机给我。

“是什么意思？”我倔强地问他。

“我不善于向你求情。”他说。

“我做得最好也最失败的事情便是爱你。”我说。

“你做得很好。”

我退到阳台上，我不知道是不是应该回到他身边。

“我们来玩一个游戏好不好？”我问他。

他望着我。

“我把飞机从这里飞出去，如果在我视线范围之内，它一直没有下坠，我们可以再尝试一起。”

“不要——”

他说不要的时候，我已经把飞机飞向空中。那只纸飞机一直向前冲。

林文方抱着我，把我的脸转向屋里，不让我看着飞机。

“放手。”我说。

“我爱你。”他终于肯说。

我流着泪微笑。

“不要看那飞机。”他求我。

我知道他折的飞机能飞到很远很远才下坠。

面包树出走了

目　录

第一章｜在那遥远的岛国

告诉我，最蓝最蓝的，是哪一片天空？
当我们的脚印都消失了，南极企鹅说，
是抚平雪地的那一片天空。

最蓝最蓝的天空，溶在北冰洋的风浪里。
鲨鱼这么说，鲸鱼也这么说，
天空，是浸蓝了水草，
浸蓝了遗落在那里的眼泪的天空。

在东方的草原，每一株月桂，每一株面包树，
都隔着永不相见的距离；
花果落了，每一株，还是怀抱着最浓最浓的思念，
攀向最蓝最蓝的天空。

我问你，最蓝最蓝的，是企鹅的天空？
鲸鱼的天空，还是面包树的天空？
你却回答：那里离鹰鹫最近，离烦愁最远；
是你童年的天空，是笼盖西藏的天空。

都过去了，年轻的岁月，以为所有的离别，

都只为了重逢；

当我靠近你，最后一次靠近你，

在我心里，我说，也有过一片最蓝的天空，

因为你，那年，天很高；树，绿得葱茏。

一九九二年除夕，我和林方文又再走在一起了。只是，我也不知道，哪一天他会再一次离我而去。

那是一九九三年夏天一个下着大雷雨的晚上。他送我回去跑马地黄泥涌道的家。雨很大，我们站在一棵老榕树下面避雨。我指着自己的胸口跟他说：

“我身上穿的，是一个有钢丝的胸罩。”

他用手扫了扫我湿透了的背，问我：“那又怎样？”

“万一我给雷打中了，我便会死，而我现在握着你的手，你也会跟我死在一块儿。”

“那我们岂不是变成霹雳雷电侠？”他笑着说。

“九七年六月三十日，香港回归祖国的前夕，我们还会在一起吗？”

“如果一会儿我们没有被雷打中的话——”他抬头望着天空。

那个时候，我没有想到，香港回归的前夕，竟也是下着这天晚上一样大的雷雨。

“那么，一九九九年十二月三十一日，我们还会在一起吗？”我问他。

他笑了：“如果你现在愿意把身上的钢丝胸罩脱下来，我们不用死的话，也许不是没有可能的。”

每次说到这些事情，他总是不正经的。

“我可以不要你，但我要千禧年的除夕之歌。你答应了的。”

“你要歌不要人？”

“歌比人长久。”我说。

那一刻，千禧年还是很遥远的事。有时候，我不知道我们生在这个时代，是幸福还是不幸。一千年的时候，我们还没有来到这个世上；三千年的那天，我们也不可能仍然活着。年轻的我们，能够看到两千年的降临。偏偏因为有这么一个日子，我们很害怕到时候孤单一个人。

“程韵，你真是个麻烦的人。”林方文说。

“是的，我是来找你麻烦的。”我说。

“你见过面包树吗？”我问他。

他摇了摇头。

“我见过一次，是在泰国。”我说，“面包树开花的时候，那花像面包，有雄花和雌花。”

“雄花和雌花？”

“是的，有雄花便有雌花。有男人便有女人。”

忽然，轰隆的一声，打雷了。

“走吧！”他拉着我的手。

“还在下雨呢！”我说。

“打雷的时候站在树下，是想找死吗？我可不愿意明天的新闻说，著名填词人林放死于女朋友的一个钢丝胸罩之下。”

“你不要拉着我的手便没事了。”

“你才不会放过我。”

“如果我死了，你会哭吗？”我问。

他并没有回答我。如果我真的死了，他是不可能不流泪的吧？诀别，在我们之间，是难以想象的。

“你放过我吧！”他终于回答了。

“才不呢！”我说。

如果爱他是一种沉溺，我也许还愿意沉溺一辈子。

那个下雨天之后不久，林方文发掘了一个女孩子，她的名字叫葛米儿。那个时候，林方文的工作室已经拆伙了，他一个人做着填词的工作，而且已经很有名气。葛米儿是毛遂自荐的。唱片公司每天也收到许多做歌星梦的男女寄来的录音带，没有人真的会去听。一天，林方文无意中在唱片监制叶和田的办公室里看到葛米儿寄来的录音带。她的录音带跟其他人的很不同，是放在一个椰子壳里面的。林方文这个人，最喜欢奇怪的东西。

“你想听的话，拿回去慢慢听吧！”叶和田把录音带和椰子壳一并送给了林方文。

那天晚上，林方文把椰子壳给了我。

“用来喝水也不错。”他说。

他把录音带放到唱机里，一把低沉的女声蓦地流转。唱的是林方文送给我的第一首歌——《明天》。

告诉我，我和你是不是会有明天？
时间尽头，会不会有你的思念？
在你给我最后、最无可奈何的叹息之前，
会不会给我那样的眼神——最早，也最迷乱？
深情是我担不起的重担，情话只是偶然兑现的谎言……

她的声音，是一听难忘的声音。即使只是听过一次，三十年后，你也不会忘记。我是个五音不全的人；可是，我也知道那是天籁，似乎不是属于这个世上的。

我看着林方文脸上的表情出现了奇妙的变化。他的眼睛光彩闪烁。

“这个人一定会走红。”他说。

那卷录音带上面只有一个名字——葛米儿。

“那个椰子壳呢？地址也许在椰子壳上面。”他说。

我在厨房里找到那个椰子壳。葛米儿的地址果然是贴在椰子壳下面；然而，那是一个在斐济群岛的地址。她住在南太平洋这个遥远的岛屿上，怪不得她用椰子壳把歌送来了。她也许还会跳肚皮舞。

“她是天生唱歌的。”林方文说。

我对她的样子很好奇，拥有这样一把声音的女人，到底有一张怎样的脸孔呢？她唱的，又为什么偏偏是林方文写给我的第一首除夕之歌呢？后来，我才知道，那是有原因的。

当我终于见到葛米儿，那是她回来灌录了第一张唱片之后的事。

林方文向监制叶和田推荐她。她收到唱片公司的通知，立刻从斐济回来。下机之后，她直接从启德机场去唱片公司。虽然她的歌声得天独厚，但她的样子毕竟有点怪，并不是传统的甜姐儿。唱片公司不敢冒险，只愿意替她推出一张迷你唱片，唱片里的五首歌，都是林方文写的。

为了替那张唱片宣传，也为了证实林方文的眼光，我约了葛米儿做访问。见面之前，我问林方文：

“她真的长得一点儿也不漂亮？”

“你见过猴子吗？”他问。

“一只大口猴子。”他说。

我们相约在南湾的海滩茶座见面，我想替她拍一辑有阳光和海滩的照片。

她来了。她的嘴巴的确很大。卡通片里那些整天爱哭的小孩子，每次放声大哭时，只剩下嘴巴和两颗门牙，眼睛和鼻子都消失了。葛米儿就有这么一个嘴巴，难怪她的音域这样广阔。

是的，她像猴子。她长得很高，而且很瘦，下巴长长，两边面颊凹了进去。可是，你知道猴子通常也有一双楚楚可怜而动人的眼睛。

她拥有一身古铜色的皮肤，那是斐济的阳光。她的头发却像一盘满泻了的意大利粉。

这天，她穿着汗衫和短裤，我看到她左脚的脚踝上有一个小小的刺青。那个刺青是莱纳斯。莱纳斯是查理·舒尔茨的《花生漫画》里的主角之一。这个小男孩缺乏安全感，永远抱着一条毛毯，说话却充满哲理。

为什么不是人见人爱的史努比而是莱纳斯呢？我忘记了问她。

跟葛米儿一同来的，还有一个看来像斐济土著的男孩子。这个男孩皮肤黝黑，顶着一头弹簧似的曲发。他长得很帅，身体强壮。跟葛米儿一样，他也是穿着汗衫和短裤。

“他叫威威。”葛米儿给我们介绍。

葛米儿为什么带了一个可爱的土著来呢？威威难道是她的

保镖?

“你好吗？”威威露出一口洁白的牙齿微笑说。

原来他会说流利的中国话。

“威威是中国和斐济的混血儿。他爸爸是在斐济开中国餐馆的。”葛米儿说。

我们做访问的时候，威威去游泳了。

“威威是我的男朋友，他大概会一直待在这里陪我，不会回去斐济了。”葛米儿说。

“很难得啊！”我说。

“是的，他说过要陪我追寻梦想。”她坦率地说。

抱着膝头坐在我跟前的葛米儿，很年轻，只有十九岁。

“收到唱片公司的通知时，我刚刚从海滩回来，身上还穿着泳衣。”她说。

“你一直都想当歌星的吗？”

“我爸爸说，我不去唱歌的话，是浪费了上天赐给我的声音。”她充满自信。

九岁的那一年，葛米儿跟着家人从香港移民到斐济。她爸爸妈妈在当地开酒吧。葛米儿和她三个姐姐每天晚上在酒吧里唱歌。

“酒吧的生意好得不得了，因为大家都来听我们唱歌。”她说。

“你到过斐济吗？”她问我。

“还没有。”

“你一定要来呀！那是一个很美丽的地方。你来斐济的话，别忘了到我家的酒吧看看。我们一家人就住在酒吧的楼上，生活虽然并不富裕，但我们过得很开心。”

然后，她又告诉我："那卷录音带寄到唱片公司已经一年了，我还以为石沉大海。"

"是的，差一点就变成这样。"

"那样我也许会在斐济的酒吧里唱一辈子的歌，偶尔跳跳肚皮舞。是什么把我从那个小岛召唤回来的呢？"

那是机缘吧？后来，我更知道，她的回来，是不可逆转的命运。

"为什么你会选《明天》这首歌？"我问她。

"我喜欢它的歌词。"葛米儿说，"我在一家中国餐馆里头一次听到这首歌的时候，是刚刚和男朋友分手。听到最后的两句，我哭了。"

"那个男孩子伤了你的心吗？"

她摇了摇头："是我要分手的。'深情是我担不起的重担'。我怕别人太爱我。"

"那威威呢？"

"他不同的。我爱他多一点，你别看他那么强壮，他其实很孩子气的。"

我们谈了很久，威威还没有回来。海滩上，也没有他的踪影。

"要不要去找他？"我问葛米儿。

"不用担心，他没事的。"葛米儿轻松地说。

是的，我没有任何理由怀疑一个斐济土著的泳术。即使他不小心被水流冲上一个荒岛，他也许还可以在岛上快乐地生活一辈子。

访问差不多做完的时候，威威终于回来了。夕阳下，他刚刚晒黑的皮肤闪耀着漂亮的金黄色。原来，他游到一个无人的沙滩上睡着了。

访问结束了，葛米儿和威威手牵手地离开，临走的时候，她跟我说：

“你真幸福啊！有一个男人为你写出那么美丽的歌词。以后我要为你们把每首歌都唱出来。”

她是如此坦率而又自信。看着她和威威没入夕阳的余晖之中，有那么一刻，我不知道把他们从那个遥远的岛国召唤回来，是对的呢还是错的呢？这两个人能够适应这个城市急促的爱和恨、失望和沮丧吗？

葛米儿是幸运的，有一个爱她的男人愿意陪她到天涯海角寻觅梦想。我自己又有什么梦想呢？在日报当记者，是我喜欢的工作，可是，这也同时是我的梦想吗？林方文会愿意放下自己的一切陪我游走天涯去追寻梦想吗？

什么是爱呢？是为了成全对方的梦想，甚至不惜隐没自己？

梦想也许是奢侈的，大部分的男女无须要梦想也可以一生厮守。

葛米儿和威威会后悔回来吗？

他们还是应该留在南太平洋那个小岛上的。

葛米儿的唱片推出了，成绩很不错。虽然并没有戏剧性地一炮而红，对于一个新人来说，总算是受到注目了。她那一头倒翻的意大利粉似的头发和她奇怪的样子，却惹来了很多批评。葛米儿似乎全不在意。她太有自信心了，才不在乎别人怎样看她，也不打算改变自己。

一天，葛米儿突然在我工作的报馆出现。

“你为什么会在这里？”我奇怪。

“我是特地来多谢你为我写的那篇访问的。”她说。

“不用客气。”我说的是真心话，那篇访问，有一半是为了林方文而做的。

“我和威威在西贡相思湾租了一所房子住下来，那里有海滩，方便威威每天去游泳。”她愉快地说。

这两个斐济人，终于在香港安顿下来了。威威拿的是旅游签证，不能在香港工作，他只能够陪着葛米儿四处去，或者待在家里。海滩的房子，让他们跟家乡接近了一些。

“你跟林方文什么时候有空，来我家吃饭好吗？我真的很想多谢你们。你们两个是我和威威在香港唯一的朋友。”葛米儿说。

“我问一下林方文。”

“他不来，你也要来呀！威威很会做菜的。”葛米儿热情地说。

“他常常是这么奇怪的吗？”她忽然又问我。

“你说林方文？”

“嗯，常常独来独往，好像不需要朋友的。”

“他已经改变了很多，你没见过大学时期的他呢，那时候更古怪。”

“你们是大学同学吗？”

“嗯。曾经分开，又再走在一起。”

“斐济的土著之间，流传着一种法术，据说女人可以用这种法术留住一个男人的心。”葛米儿说。

“是吗？是什么法术？”我好奇。

葛米儿却神秘地说：“不要贪心啦！听说，没有真正需要的人，是不应该知道这种法术的。但愿你永远用不着知道。”

我真的是像她所说，太贪心了吗？假若世上有一种法术是可以把心爱的人永远留在身边，又有谁不想知道呢？

“去吃威威做的菜好吗？”我问林方文。

“斐济的菜，不会好吃到哪里吧？”他说。

“他们可没说是做斐济的菜。威威家里是开中国餐馆的，也许是做中国菜。”

“那个土著做的中国菜一定很难吃。”

“严格来说，他不算土著。”我说。

“我猜他做的是意大利菜。”他说。

“你怎知道？”

“要不是喜欢吃意大利菜，怎可能爱上那个意大利粉头？”他说。

“葛米儿很想多谢你，毕竟是你发掘她的。”

“是她自己有天分，用不着多谢我。我写歌词又不是免费的。”他淡淡地说。

“我们去看看他们的房子好吗？”

“你想去的话，那我陪你去。”

我笑了。

“你笑什么？”他问。

“没什么。”我说。

林方文真的变了。从前的他，自我、孤僻而又古怪。现在的他，虽然还是那么自我，但已经踏实许多了，也学会了为别人付出。我想去的地方，即使他不想去，他也会陪我去。这些事情，若在以前，怎么可能呢？他变成熟，也变可爱了。然而，改变了的他，是更适应这个世界呢？还是会更容易被现实伤害？

葛米儿和威威住在一幢两层高的乡村房子里。房子外面有一个小小的池塘，走五分钟的路，便是海滩。这天我们来到的时候，刚好是黄昏。威威穿着围裙，从厨房走出来，兴高采烈地说：

“你们一定猜不到了，我今天准备做一顿意大利菜。”

林方文真是厉害。

“我不会做菜的，我只会吃。”葛米儿说。

一团毛茸茸的小东西忽然从我脚踝旁边穿过，吓了我一跳。我低下头看一看，是一只淡褐色羽毛的雏鹅，它在屋子里大摇大摆地走来走去。

“是用来吃的吗？似乎还太小了。”林方文望着那只雏鹅说。

“‘莫扎特’是我们刚刚养的宠物，不是用来吃的。”葛米儿连忙说。

“这只鹅叫莫扎特？”林方文问。

“威威喜欢听莫扎特。”葛米儿说。

他们竟然养一只鹅做宠物。

威威把莫扎特抱起来，怜爱地说：

“鹅是会守门口的，遇到陌生人，它还会咬对方。”他望了望莫扎特，然后说，“当然，这要等到它长大之后。”

“它是雌鹅，将来还会下蛋的。”葛米儿说。

“那些鹅蛋，你们吃不吃？”我问。

“如果没有受精的，便可以吃。如果是受了精的，就是莫扎特的亲生骨肉，当然不能吃。”葛米儿说。

他们的家好像是儿童乐园，这是两个不会长大的人，永远不会长大，也许是幸福的。

威威做的意大利菜，不像意大利菜，不像法国菜，也不像中国菜，那大概是他自己改良的斐济风格的意大利菜，距离好吃的境界，还有很远很远。

“想家吗？”我问葛米儿。

“这里的生活比斐济多姿多彩。只是，很久没潜水了，很想潜水。”她说。

“米儿是潜水教练。”威威说。

“你们会潜水吗？”葛米儿问我和林方文。

我摇了摇头。

“有机会的话，我教你们两个潜水。”

那一刻，我没有想过要学潜水，林方文也没有表现出多大的兴趣。

“你不知道斐济的海底有多么漂亮！”葛米儿的脸上，有无限神往。

“不怕危险吗？”我问。

“在那里，你会忘记了危险，忘记了所有烦忧。你是海里的一尾鱼儿，游向快乐。那一刻，你甚至忘记了世界，也忘记了自己。”葛米儿用她动人的嗓音说。

“忘记了自己？也好。”林方文好像也有些向往了。

那个时候，又有谁会想到这个南太平洋上的岛国，是我魂断之地？

夜已深，莫扎特睡着了。它睡在一个狗窝里，因为宠物店里并没有特别为鹅而做的窝。

告别的时候，葛米儿认真地跟林方文说：“谢谢你为我写的词。”

“那不算什么。”林方文淡淡地说。

离开了葛米儿和威威的家，我跟林方文说：“我们去海滩好吗？不是说附近就有海滩吗？”

我们躺在那个宁静和漆黑的海滩上。我说：“住在海边的房子，也很不错吧？”

林方文忽然笑了起来，说：“他们把那只鹅叫做莫扎特！”

是的，刚才在葛米儿和威威面前，我们都不好意思笑。

“叫莫扎特不是太好，莫扎特只活到三十五岁。”我说。

“三十五岁，对鹅来说已经是不可能的了，鹅通常活到三斤半就被吃掉！”他说着说着又笑了起来。

“葛米儿是真心感谢你的，为什么你好像不太领情？”我问。

“那几首词，真的不算什么，我不认为自己写得好。”林方文说。

“我觉得很好呀！我喜欢副歌的部分。”

我念了一遍：

> 淡淡微笑，又悄悄远离，
>
> 都明知相遇而从不相约，
>
> 相约而从不相遇，
>
> 千年，万年；人间，天上，
>
> 却总又会相逢一次。

“这比起我以前写的，根本不算什么。是她唱得好，不是我写得好。”他说。

“你对自己的要求太高了。”我开解他。

“每天在写，总有枯竭的一天。”他长长地叹了一口气。

“创作，总会有高潮和低潮的。”

他久久地凝望着我，说：“谢谢你。”

“我们之间，还需要这两个字吗？”

他笑了。

在海滩上散步的时候，我问他：

“你有什么梦想吗？”

“一直能够为你写除夕之歌。”他说。

我以为他的梦想应该是远大许多的。我没想到，他的梦想是那么微小。

“这个梦想一点儿也不微小呀！是很大的一个考验。”他笑了笑。

“你又有什么梦想？”他问。

“一直听你的除夕之歌。”我说着说着，眼睛也湿润了。不知道是被他感动了，还是被自己感动？

那是一个多么奇怪的晚上？我们笑了，又哭了，然后又笑了。岁月流逝，不变的梦想，是能够拥抱自己心爱的人，也拥抱他的微笑和哭泣。

有一天，当我年老，有人问我，人生的哪一段时光最快乐，也许，我会毫不犹豫地说，是十多岁的时候。那个时候，爱情还没有来到，日子是无忧无虑的；最痛苦的，也不过是测验和考试。当时觉得很大压力，后来回望，不过是多么的微小。

当爱情来临，当然也是快乐的。但是，这种快乐是要付出的，也要学习去接受失望、伤痛和离别。从此以后，人生不再纯粹。那就好比一个女人有时候会怀念她的童贞，那并不代表她不享受和她心爱的男人同床共枕。

童贞的岁月里，即使爱上了一个男人，也是轻盈的。后来，当我们成为女人了，所有的爱情，也都沉重了一些，变得有分量了。这个时候，我们不仅用心，也用身体去爱一个男人。我跟这个男人，有了一点血肉的牵系。

朱迪之很早就跟她的初恋情人邓初发睡了。那个时候，我和沈光蕙简直有点妒忌了。我还没有遇上心爱的男人，还没有和他睡，我怕我会变成老处女。那时的想法多么可笑？

后来，我们都和自己喜欢的人睡了。朱迪之常常说，她不过是比我们“早登极乐”。

这个曾经是没有男人便不能活的女孩子，也有自己的梦想了。她在律师行当秘书，同时报读了大学的远程法律课程，已经是第二年了。一切顺利的话，还有三年，她便会成为律师。她从小就想当律师，她念书的成绩也很好，后来因为拼命地恋爱，才会考不上大学。

“要把逝去的光阴追回来。”她是这样鼓励自己的。

逝去的光阴，是可以追回来的吗？我想，过去的恋爱，无论是悠长的还是短暂的，是甜美的还是糟糕的，终究使我们变得坚强。流逝的光阴，也有它的作用。

这一天，朱迪之刚刚考完试，她约了我和沈光蕙到她家里吃饭。房子是她去年租的。一个人住，可以专心读书。她忙得很，我们相聚的时光比从前少了许多，所以，每一次见面，都格外珍惜。

沈光蕙在测量行的工作也忙，去年，她跟那个有妇之夫分手了。

男人是不是都是这样的？当那段婚姻变得沉闷了，他们会出去找一段爱情，爱得死去活来。一旦被妻子发现了，他们便会垂头败气地回家。在选择的天平上，是从来不公道的。他们不会跟那个第三者离家出走。

沈光蕙来到的时候，兴奋地问我们："你们猜我刚才碰到谁？"

"谁？"我问。

"王燕！"她说。

王燕是我们中学时的辅导主任，她是个脸上有胡子的老处女。她自己的贞洁和女学生的贞洁，是她一生捍卫的东西。

"她跟一个男人一起，态度很亲昵呢！"沈光蕙说。

"真的？"我和朱迪之不约而同地尖叫。

"那个男人还长得真不错呢！"沈光蕙恨得牙痒痒。

"会不会是男妓？"朱迪之一边做苹果沙拉一边问。

"那个男人看来有四十多岁了，男妓没有这么老吧？"沈光蕙说。

"你不知道有老妓的吗？"朱迪之说。

"可是，"我说，"既然找男妓，总该找个年轻一点的吧？"

"老妓有老妓的长处。"朱迪之煞有介事地说，"像王燕这座死火山，年轻的小伙子也许没办法把她燃烧。"

对性的热切这方面，朱迪之是无论如何也改不了的。

"那个男人看来不像老妓呀！"沈光蕙说，"没想到王燕也可以谈恋爱。为什么那些长得难看的女人，往往也会找到一个长得不错的男朋友？”

朱迪之一边吃沙拉一边说：

“因为她们有一种锲而不舍的精神。我们的条件太好了，我们才不肯去追求和讨好一个男人。这些女人会跟自己说：‘好歹也要结一次婚！’她们有一股无坚不摧的意志力。”

“是的，好歹也要结一次婚。”沈光蕙说。

“你想结婚吗？”我问。

“我现在连男朋友也没有，怎样结婚？结婚也是好的，成为了一个男人的妻子，那么，即使他曾经爱上了别的女人，他始终还是会回家的。”

“我们三个之中，谁会首先结婚呢？”朱迪之问。

“是你吗？”我笑着问。

“虽然陈祺正会是一个很不错的丈夫，但我还要念书呀！在成为律师之前，我是绝对不会嫁的。”她说。

陈祺正是朱迪之现在的同学，他们交往一年多了。他是一位中学教师。跟朱迪之所有的旧情人比较，他是最好的了。朱迪之会跟一位老师恋爱，在从前是没法想象的吧？

“会不会是你和林方文？”沈光蕙说。

林方文是不会想结婚的吧？他是个宁愿拥抱自由和孤独也不愿意拥抱温暖家庭的男人。他从来没有向我求婚。有时候，我会恨他不向我求婚。我不是要他真的跟我结婚，我只渴望他是曾经有一刻想为我舍弃自由的。我想听听他怎样向我求婚，那些甜蜜的话，用来留个纪念也是好的。

像林方文这样的男人，求婚时一定不会说“嫁给我吧！”或者是“让我照顾你一辈子！”这些话吧？对他来说，都太平凡了。

朱迪之脸上带着饱历沧桑的微笑说：

“陈祺正也有向我求婚，那是我们亲热时说的。有哪个男人不曾在床上对自己拥抱着的女人用最甜蜜的言语求过婚呢？谁又会当真呢？那不过跟爱抚一样，使性爱更加美妙。”

可是，林方文从来没有给过我这样的爱抚。真的恨他呀！却又明知道他就是这样的一个人。情最深处，恨也是柔的。

沈光蕙并不是没有人追求的。有一个男同事很喜欢她，可惜，他比她小三岁，而且从来没有谈过恋爱。

“那是小童军呀！有什么不好呢？”朱迪之说。

沈光蕙摇了摇头：“我不想当童军领袖呀！”

“你喜欢他吗？”我问。

她说：“他是不错的，聪明又可爱，而且看样子也是一个很专一的人。”

“当然了，否则怎会二十几岁还没有失身。”朱迪之通常会用失身的年纪来评定一个人对感情的态度。她说，这个推断方法出错的机会非常低。譬如，一个三十岁才失身的女人，绝对不会花心到哪里。一个十六岁已经失身的男人，大家倒是要小心。

“当我三十岁的时候，他才只有二十七岁，那不是太可怕吗？”沈光蕙说。

“是的，也许要花很多钱去买护肤品才敢跟他出去呢！”我说。

“当你到了更年期，他还是壮年呢！”朱迪之说。

“说不定我更会比他早死。”沈光蕙说。

“那倒是好的。”我说，“轮回再世，可以做他的女儿。”

“那要很年轻的时候死才可以呢！”朱迪之说。

我想起了韦丽丽。她是我们的同学。她是在运动会上给一个同学掷出的一个强而有力的铁饼扔中脑袋瓜而死的。那宗意外，夺去了她年轻的生命。死亡，是曾经很遥远，也跟我们很接近的。她已经轮回了吗？

如果我比林方文早死，我要轮回再世，做他的女儿。我很想知道，像林方文这样的男人，会是一个怎样的父亲呢？我不要来生再跟他相爱，那还是有机会分开的。我要做他的女儿，流着他身体里的血。我要得到爸爸对女儿那份不求回报和倾尽所有的爱。而且，他永远不会离开我，直至死亡再一次把我们分开。

朱迪之说：“如果陈祺正比我先死，我希望他来生做我的儿子。那么，他可以继续吃我的奶。我喜欢看着他吃奶时那个很满足的样子。”

“我应该尝试跟他一起吗？”沈光蕙问。

“谁？”我和朱迪之异口同声地问。

“那个小童军！”沈光蕙没好气地说。

我和朱迪之忙着编写那个轮回再世的故事，早已经忘记了她。

朱迪之把唱盘上的唱片拿走，换了葛米儿的新唱片。她那把低沉的声音好像也是在唱着一个轮回的故事：

> 若有永恒，为何人有限而天地独无穷？
> 若有不朽，为何心中烈火，敌不过强暴的风？
> 若有存在，为何屈辱于死亡的无可选择？
> 若有尊严，为何却有永恒，存在，和不朽？

这首《天问》是林方文写的。

“她唱得真好！”朱迪之说。

当然了，她是林方文发掘的。

“你为什么不向我求婚？”在书店里，我问林方文。

他一边低下头看书，一边问我：“你想吗？”

“不是真的要你娶我，只是好奇你会怎样向我求婚。”

“嫁给我吧！是不是这样求婚？”他的样子不知道多么轻佻。

“这么平凡，不像是你说的。”

“你真的想结婚？”

“当然不是！”我把手上的书合上。

为什么我说不呢？我并不敢承认，我知道他会拒绝。

“你手上拿着的是什么书？”我把他的书拿来看。

那是一本佛经。

他近来买了许多佛学的书。上个月，他买了许多关于基督教的书。再上个月，他买了很多本食谱。虽然买了那么多的食谱，他可没有弄过一道菜给我吃。

他正在痛苦地找灵感。葛米儿的新唱片，他也只肯写两首歌。他不想重复自己。这几年，他写得太多了，有点累了。我可以怎样呢？我却帮不上忙。

“佛经里会有灵感吗？”我微笑着问他。

“不知道。”他说。

后来有一天，他很严肃地告诉我：“我要去当和尚。”

“和尚？”我几乎哭了出来。

“是七日和尚。”他气定神闲地说。

“只是七日？”我松了一口气。

“是的，七日。”他一脸期待。

那是一家佛寺为善信举办的活动。参加者要在寺院里跟出家人一起生活七天，除了要穿和尚袍和斋戒之外，也要诵经念佛，就跟和尚没有两样，只是不需要剃度。七天之后，便可以重返凡尘俗世。这种活动，每年举办一次，每一次也有好几百人参加。

“你不会真的去当和尚吧？”我问他。

“很难说的呀！”他故意戏弄我。

“我要你知道，你是尘缘未断的。”我抓着他的头发说。

“这样一去，不就可以了却尘缘吗？”

“如果你真的跑去当和尚，我就要变成荡女，人尽可夫！”我警告他。

“我跑去当和尚，你不是应该去当尼姑才对吗？怎会去做荡女？”

“尼姑太便宜你了。变成每天找男人的荡女，才是对你最大的报复。起码，你会每天内疚，每天为我诵经来减轻你自己和我的罪孽。那样的话，你虽然在寺院里，我却没有一天不在你心里。对吗？”

“你这么毒，出家的应该是你！好吧，为了你的贞洁，我是不会跑去当和尚的。”

虽然他是这样说，可是，我真的害怕他会撇下我去当和尚。他这个人，什么怪事都可以做出来。如果林方文真的跑去做和尚，了却尘缘的，不是他，而是我。

虽然七日和尚不用剃度，林方文还是把头发刮得很短。他说，这样可以更投入出家人的生活。

他离开了我的那几天，我的生活也平淡如水。像青菜豆腐一样的日子里，我每一刻都在思念着他。他习惯吗？他会爱上那种生活吗？他会不会被一个大师点化了，从此离我而去？要是他走了，我怎么可能变成荡女呢？我骗他罢了。可是，我也不可能变成尼姑。怎么可以从此跟他碰面而好像不相识呢？我做不到。

跟朱迪之见面的时候，她问我："有七日尼姑吗？"

"好像也有的。"我说。

"那你为什么不早点告诉我？"

"你也想短暂出家吗？"

"可以乘机减肥嘛！"她说。

我听过这样的一个故事。一个女人放下了一段尘缘，从台湾老远跑到印度一所寺院出家，却在那里碰到一位僧人。这两个人，原来是前世的情人，孽缘未了，双双还俗，做了夫妻。最可怜的，是那个当天为了成全她而让她出家的男人。

"两个人一起，到底是尘缘还是孽缘呢？"我问。

"有些是尘缘，有些是孽缘，这就是人生吧！"朱迪之说。

过了一会儿，陈祺正来接我们去吃饭。

"喜欢吃什么？"陈祺正问我。

"吃素好吗？"我说。

他们两个人，同时怔怔地望着我，流露出一副可怜的模样。

"算了吧！我们去吃肉，我吃林方文的那一份。"我说。

林方文真的只去七天才好。

短暂出家结束的那一天，林方文从寺院回来。他瘦了一点，也苍白了。我跳到他身上，问他：

“是不是七情六欲也没有了？”

“谁说的？”他紧紧地搂着我，用舌头俏皮地舐我的鼻子和嘴巴。

我望着他。这七天来，我多么思念他。他知道吗？

“为什么不索性去七七四十九天？”我问他。

“你以为我不想吗？”

他开朗了，是已经找到了灵感吧？

他说，在寺院时，师父讲了一个佛经上的故事：一个女人，因为爱上了另一个男人，所以想要离弃丈夫，于是设计假死。她串通了别人，买了一具女子的尸体，让她的丈夫相信她已经死了。

她的丈夫伤心欲绝，只好把尸体火化。然而，他太爱她了，因此成天把她的骨灰带在身边，这样的深情感动了他的妻子。她离开了情夫，想要回到他身边。

那天，她悄悄地跟在丈夫的身后，叫唤他的名字，期待看到他既惊且喜的神情。然而，当她的丈夫转过身来看到她，只是淡漠地问她：“你是谁？”

“我是你的妻子呀！”她说。

“不，我的妻子已经死了！而且是我亲手把她火化的。”她的丈夫坚定地说。

“那不是我，我根本没有死呀！”女人几乎快要崩溃了。他这样爱我，怎会忘记我的容貌呢？

然而，无论她怎样解释，她的丈夫终究不相信眼前人便是他的妻子。

爱，是不能被试探和考验的。背叛丈夫的妻子以为她可以理所当然地安排丈夫的感情。可是，对伤心的丈夫来说，爱情或许已随谎言消逝。

爱会随谎言消逝吗？后来，我知道是会的。

从寺院回来之后，林方文写了好几首歌，唱片公司认为那些歌有点曲高和寡，想他修改一下。他一个字也不肯改。他们说：“为什么不继续写以前那些歌呢？最好不要改变。”

林方文努力去突破自己，他们却嫌他太突破了。

那天晚上，他在录音室里跟叶和田吵得很厉害，我站在外面，隔着玻璃，听不到他们吵什么。林方文从里面冲出来，头也不回地走了，我连忙追上去。

他一个人走在路上，我看得见那个背影是多么的颓唐。他曾经写过的、那些感动过无数人的歌，就在那一刻，一首一首地在我心中流转。我默默地、远远地走在他后面，我不知道我可以为他做些什么。我是多么没用。

不知道这样走了多久之后，他忽然转过身来，微笑着问我：“你为什么走得这么慢，老是在我后头？”

“我不知道怎样帮忙。”我说。

我多么希望我是个温柔的女人，在这个时刻，能够对他说一大串安慰的话。可惜，我从来不是。

“没事吧？”他反过来安慰我。

“你是最好的。”我告诉他。

他笑了：“每个女人都认为她所爱的男人是最好的。”

“我不是盲目的。”我说。

“盲目又有什么不好呢？只要是自己所爱的人，他的一切都是好的。这种盲目，是多么幸福？人若能够盲目一辈子，也就是矢志不渝了。”

“但你的确是最好的，这方面，我不盲目。”

“我却希望自己能够盲目一点。盲目地相信自己永远是最好的，那样我才可以一直写下去，一直重复下去，不会想得那么多。”

“你愿意这样吗？”我问。

“就是不愿意。”他双手插在裤袋，垂下了头，悲哀地说：“也许我再不适合写歌词了。”

“谁说的？”

“不写歌词，人生还有许多事情可以做的。”他抬起头来，微笑着说。

我苦涩地笑了：“为什么不是我安慰你，而是你倒过来安慰我呢？”

“因为，你比较没用。”他用手拍了拍我的头。

林方文真的长大了。若是从前，今天晚上他会自己跑回家，忘了我在后面。他更不会堆出一张笑脸来安慰我。他是什么时候长大了的呢？是在他妈妈死了之后吗？是的，我现在是他唯一的亲人了。一个长大了的林方文，会不会快乐一点？

我知道他舍不得不写歌词。在那里，他找到了自己。那是他最引以为傲的事。要他放弃，他是不甘心的。

“别这样了，你看看今天晚上的月光多么漂亮。”他用手抬了抬我的下巴，要我看看天上的月光。

那一轮圆月，在这一刻，不免有点冷漠了。

“为什么古往今来，几乎所有情人都要看月光，所有作家也都歌颂月光，用月光来谈情？”我有点不以为然地说，“天空上还有太阳、星星和云彩呀！”

“因为只有月亮才有阴晴圆缺。”

“星星也有不闪耀的时候。”

“可是，它的变化没有月亮那么多。”

“彩虹更难得呢！”

“你有权不喜欢月光的。”他拿我没办法。

“你喜欢吗？”我问他。

“喜欢。”

“那我也喜欢。”我说。

他摇了摇头：“果然是盲目的。”

“你不是说一辈子的盲目也是一种幸福吗？”

“没想到你盲目到这个境地。”

“不是彻底的盲目，哪有彻底的幸福？”

“啊，是吗？”

“我知道为什么爱情总离不开月光了。”我说。

“为什么？”

“因为大家都是黄色的。色情呀！”

“我说不是。”

“那为什么？”

“因为月亮是所有人都无法关掉的一盏灯。它是长明灯。”

“听说，不久的将来，人类可以把死人的骨灰用火箭发射上太空，撒在月球的表面，生生不息地在太空中围绕着地球运转。”

“死了之后，才到月球漫步？是不是太晚了一点？”

“毕竟是到过月球呀！”

“如果我先死，你要把我射上月亮去吗？”他露出害怕的神情跟我开玩笑。

“把你射了上去比较好。把你射了上去，那么，以后月亮也会唱歌了。把我射了上去，什么也不能做，还是跟从前的月光一样。”

“不一样的。”他说。

“为什么不一样？”

“把你射了上去，那么，每夜的月光，就是我一个人的灯。”

“你会把它关掉吗？”

“是关不掉的。”

从那天晚上开始，我也像大部分人一样，爱上了天上的月光。每个人看到的月光，也都是不一样的吧？自己看的，跟和情人一起看的，也都是不同的。林方文的月光，跟我的月光，曾经是重叠的吗？那重叠的一部分是整个月光那么大，还是像钱币那么小？

有大半年的日子，林方文没有再写歌词。没有了他，每个人的歌也还是继续唱的，只是没那么好听。

有一阵子，他天天躲在家里画漫画。我以为他会改行当漫画家，可是他没有。那些漫画也不可能出版，因为它们全都是没有对白的。他讨厌写字。

过了一阵子，他常常一个人在下午时分跑去教堂。我以为他要当神父了，原来他只是喜欢躺在长木椅子上，看着教堂里的彩绘玻璃。他可以在那里待一个下午。

又过了一阵子，他爱上了电影，但是，他只看卡通片。

也是一个月满的晚上，我们从电影院出来。他对我说：

“童年时，我的偶像是大力水手。”

“我还以为你会喜欢那个反派的布鲁图呢。”我说。

“为什么？”

“你就是这么古怪。”

“我不喜欢他，因为他没有罐头菠菜。大力水手只要吃一口罐头菠菜，就变得很厉害了。我本来不吃菠菜的，看了《大力水手》之后，我吃了很多菠菜。”

“那个时候，我们为什么都喜欢大力水手呢？他长得一点儿也不英俊，几乎是没有头发的，身体的比例也很难看，手臂太粗了。”我说。

“就是因为那罐菠菜。谁不希望任何时候自己身边也有一罐神奇菠菜，吃了便所向披靡，无所不能。”林方文说。

有哪个小孩子不曾相信世上真的有神奇的魔法，在我们软弱无助的时候拯救我们？可是，当我们长大了，我们才沉痛地知道，世上并没有魔法。

能有一种魔法，让林方文再写歌词吗？

我们走着的时候，他的魔法出现了。

一辆车子突然停在我们面前，两个人从车上跳了下来，是葛米儿、威威和莫扎特他们一家三口。莫扎特长大了很多，它已经不是一团毛茸茸的小东西。现在的它，超过三斤半了。这天晚上，它长长的脖子上绑着金色的丝带，在威威怀里，好奇地东张西望。

“很久不见了！”葛米儿兴高采烈地拉着我和林方文。

她现在已经红了很多。人红了，连带她那个曾经受尽批评的意大利粉头也吐气扬眉，许多少女都模仿她的发型。

“你们去哪里？为什么带着莫扎特一起？”我问。

“我现在去拍音乐录影带，莫扎特也出镜了。”她情深款款地扫着莫扎特的羽毛。

“那么，它岂不是成了‘明星鹅’吗？”我笑了。

“是的！是的！它还会唱歌呢！”威威兴奋地说。

“不是说‘鹅公喉’吗？鹅也能唱歌？”我说。

“它不是鹅公，它是鹅女。”威威跟莫扎特说，“来，我们唱歌给哥哥姐姐听。”

莫扎特伸长了脖子啼叫：“呱呱——呱呱呱呱呱——呱呱——”

“果然很有音乐细胞，不愧叫作莫扎特。”我拍拍它的头赞美它。它的头缩了一下，很幸福的样子。

那是我最后一次见莫扎特了。

临走的时候，葛米儿问林方文：

“你还会写歌词吗？”

他大笑：“是写给莫扎特唱的吗？那太容易了，只需要写‘呱呱’——”

“是写给我唱的。”葛米儿诚恳地说，“很想念你的歌词。”

林方文只是微笑，没有回答。

他们走了，我们也沉默了。

从那天晚上开始，我和林方文看到的月光也有一点不一样了。我不是大力水手的那罐神奇菠菜，我没有能力拯救他。那个魔法，在葛米儿手里。

当她的意大利粉头被歌迷接受了，葛米儿却狠心地把它剪掉，变成一条一条短而鬈曲的头发，活像一盘通心粉。她是个偏偏喜欢对着干的人，她也比从前更有自信了。有时候，我很佩服她。我们每一个人，几乎每天都要为自己打气，才可以离开家门，面对外面那个充满挫败的世界。她却不需要这样，她好像天生下来已经满怀自信。

一天，她跟唱片监制叶和田说，除了林方文的词，她不唱别的。

“不是我们不用他，是他一个字也不肯改。他写的那么古怪，不会流行的。”叶和田说。

“他是最好的。”葛米儿说。

“说不定他已经江郎才尽了，最好的日子，已经过去了。”叶和田冷漠地说。

“不。”葛米儿说，“我能够把他唱得比以前更红。”

本来是：没有林方文，也就没有她。他把她从那个遥远的岛屿召唤回来。他是她的知音。

今天是：有她，也就有林方文。她把他从那个满心挫败的世界召唤回来。她是他的知音。既出于报答，也出于欣赏。有谁会怀疑林方文是最好的呢？他只是欠缺了新的刺激。

终于，林方文抛下了他的佛经、他的漫画，还有教堂的彩绘玻璃和那些卡通片，重返那个他最爱的、既令他快乐也令他痛苦的世界。

看见他重新提起笔杆写歌词，看见他再一次拿着我很久以前送给他的那把乐风牌口琴，吹出每一个音符，我的心情竟然有点激动。有那么一刻，我巴不得把他藏在我的子宫里；那是一个最安全的怀抱，他不会再受到任何的伤害。可惜，我的子宫太小了，而他也已经长大了。

这一刻，他的头枕在我的大腿上。我问他：

“我把你放在我的子宫里好吗？”

他的脸贴住我的肚皮，问：“环境好吗？”

“不错的，到现在还没有人住过。”

“要付租金的吗？”

“算你便宜一点。”

“地方太小了吧？”

“那么，你变成袋鼠吧！”我说。

“袋鼠不是更大吗？”

“你可以把我放在你怀中的袋子里，你去哪里，也得带着我。”

“这样太恐怖了。”他跳起来说。

“你不愿意吗？”

“夏天太热了。”

“但是，冬天保暖呀！”

“香港的夏天比较长。”

“你是怎样也不肯把我放在口袋里的吧？”

“我宁愿住在你的子宫里。”

“真的？”

“现在就住进去。”我跳到他身上。

“你会不会爱上葛米儿？”我问他。

“我为什么会爱上她？”他露出一副不可能的神情。

“她了解你的音乐。”我说。

“她不是有威威了吗？我才不要住进葛米儿的子宫里。”他说。

林方文真的愿意长留在我身上吗？有时候，我会宁愿我们比现在年老一点。年纪大了，也没有那么多的诱惑，那就比较有可能共度一辈子了。这种想法，会不会很傻？竟然愿意用青春去换取长相厮守的可能。

一天大清早，我在西贡市集里碰到威威。他正在买水果。俊俏可爱的他，很受摊贩欢迎。看到我时，他热情地拉着我，问我为什么会在那里出现。我告诉他，我在附近采访。

“记者的工作好玩吗？”他问。

“可以认识很多不同的人。”我说。

“有工作真好。”他说。

我差点儿忘记了，他在这里是不能工作的。

“葛米儿呢？”

“她出去了，今天大清早要到电视台录影。”

“那莫扎特呢？”

“它胖了，现在有四斤半啦！可能要减肥。”

我陪着他逛市集，他又买了牛奶和面包。大家都认得他是葛米儿的男朋友，对他很友善。

“怀念斐济吗？”我问。

他重重地点了一下头：“我怀念那里所有的东西。妈妈做的菜、爸爸的烟斗味，甚至是那个从前常常欺负我的同学。”

“欺负你的人，你也怀念？”

“他是我小学和中学的同学，他常常骗我的钱。”他幸福地回味着，“从前很讨厌他，现在却希望回去再被他骗钱。那里毕竟是我的故乡。”

“为什么不回去看看？”我说。

“米儿太忙了。”他的神情有点落寞。

“她在这里发展得很好呀！”

他笑得很灿烂：“是的，她现在很快乐，她可以做自己喜欢做的事。”

那一刻，我深深被威威感动了。为了自己所爱的人的快乐，他承受了寂寞，也怀抱着乡愁。望着他的背影没入拥挤的人群之中，我忽然明白，没有牺牲的爱情，算不上爱情。

后来有一天，威威在我的办公室出现，他变憔悴了。

“我是来跟你道别的。”他说。

“你要去哪里？”我问。

“回去斐济。”

“那葛米儿呢？”

“我一个人回去。”他的眼睛也红了。

“威威，到底发生了什么事？”

“没什么的，只是我不适应这里的生活。”

“是真的吗？”

他低下了头，良久说不出话来。

“我们去喝杯咖啡吧！”

我把他拉到报馆附近的一家咖啡店。那里可以看到海。我想，在大海的旁边，他的心情会好一点。

“是不是太思念故乡了？”我问。

他摇了摇头：“我是不舍得她的。可是，我们的世界已经不一样了。”

葛米儿从一个藉藉无名的女孩子摇身一变，成为一颗明星。一点儿也没有改变，是不可能的吧？

“你不是答应过要陪她一起追寻梦想的吗？”我说。

“我也许想得太简单了。”悲伤地震颤。

“她知道你要走吗？”

“我们谈过了。”他笑了笑，“我们终于找到时间谈一谈我们之间的事了。我留在这里只会妨碍她。”

“是她说的吗？”

“不。她并不想我走。”

“那不要走好了。”

“可是，她已经不需要我了。”

“你还爱她吗？”

“我当然爱她。”威威说着说着流下了眼泪，“但是，她已经改变了，不再是从前的她。我们在斐济的时候，生活快乐得多了。”

“你是不是后悔来了这里？”

“我怎会这样自私呢？留在斐济，是埋没了她。”

“威威，你真好。”我说。

“我一点儿也不好。我没有才能，也不聪明，人又脆弱。”

“但你懂得爱人。”

“我也爱得不好。”他的眼泪簌簌地流下来。

“你什么时候要走？”

“今天就走。”

“这么急？”

“米儿今天要工作，我们说好了，她不要来送机。我会哭的，我们从来没有分开过。”

“要我送你去机场吗？”

“不，千万不要。我害怕别离的。”

他又说：“我听人说，离开了自己的家乡，会有乡愁。然而，回去家乡之后，又会怀念那个自己住过的城市。这样的话，总共就有两次乡愁了。”

我难过得说不出话来。

“我还有一件事情要告诉你。”威威说。

“什么事？”

“我——”他红着眼睛说。

“到底是什么事？”

“我把莫扎特吃了！”

“你吃了莫扎特！”我不敢相信。

“你一定觉得我很残忍吧？”

“你怎舍得吃它？”

“米儿舍不得让它走，我也舍不得让它留下。我走了，米儿又没有时间照顾它。把它吃进肚子里，那么，它便可以永远留在我身上。”威威一边抹眼泪一边说。

我不也是曾经想过要把自己心爱的人藏在子宫里，长留在身上的吗？爱情，原来是凄美的吞噬。但愿我的身体容得下你，永不分离。

我同情莫扎特，只是，它的主人也许没有更好的选择。它是不应该叫莫扎特的，才华横溢的莫扎特，是短命的。

告别的时刻，威威久久地握着我的手。他是舍不得的。我曾经以为，相爱的人是无论如何也不会分开的，也许我错了。当生活改变了，爱也流逝了。如果他还能够感觉到爱，他是不会走的吧？故乡是近，已然流逝的爱，却太遥远了。

“程韵，我刚巧在附近，你有没有时间出来喝杯咖啡？”我在家里接到葛米儿打来的电话。

我们在咖啡室见面。架着太阳眼镜的她，看来有点累。

“威威走了。”她说。

“我知道。临走的那天，他来找过我。”

“是吗？”她很关心。

“只是来道别。”

“你知道他吃了莫扎特吗？”

“他说了。”

“他是个野人！”伤心的语调。

“这是他可爱的地方。”我说。

“我不知道为什么会变成这样。”她哭了。

“他觉得不快乐。”我说。

“我以为他会和我分享我的一切。”

“他分享不到。不是想分享便可以分享的。”

谁不渴望分享自己心爱的人的成就和快乐呢？可是，对方的成就和快乐，有时候，却偏偏变成大家的距离。愈是努力想去分享，愈觉得孤单。

“他走了，我很孤独。”葛米儿说。

“你会慢慢习惯的，每个人都是这样。”我忽然想起了她从前说过的话，我问她，“你不是说斐济有一种魔法可以把心爱的男人留在身边的吗？”

“骗你的！如果有的话，便不会有人失恋了。”

没有失恋者的世界，是不是会比现在美丽一点呢？也许是不会的吧？如果没有失恋，我们怎会了解爱情，我们又怎会长大？

“你想家吗？”我问葛米儿。

她点了点头：“可是，我更喜欢这里。在这里，我可以做许多事情。威威本来说过要和我一起追寻梦想的。”

“他会永远怀念你的。”我说。

葛米儿终于忍不住伏在桌子上呜咽。

一个梦想把这两个人从那个遥远的地方送来，营养着他们的爱情；然而，同一个梦想，也把他们分隔了。

威威真的如我所说的，会永远思念葛米儿吗？还是，回去斐济之后，他会娶一个女人，生一窝孩子，或者再养一窝鹅，过着另一种生活？我们总是宁愿相信，两个曾经深爱过的人，分开之后，是仍然有一条绳子联系着的。寂寞或失意的时候，我们会拉紧那条绳子，想念绳子另一端的人，他现在过着怎样的生活呢？他爱着谁呢？离别之后，他会不会为了使我刮目相看而更加努力？他会思念着我吗？还是，这一切的一切，只是女人一相情愿？我们总是希望旧情人没法忘记我们，一辈子受尽思念的折磨。多么善良的女人，在这个关节眼上，还是残忍和贪婪的。

“威威真的会永远怀念我吗？”葛米儿含着泪问我。

“是的。”我说，“直到你不再怀念他，他仍然不会忘记你。”

我同时也是说给自己听。

第二章｜爱随谎言消逝了

“你会不会爱上葛米儿？”我问林方文。

他望着我，没好气地说：“我为什么会爱上她？”

“她可爱呀！”我说。

“你更可爱！”他用手拍拍我的头。

“像土著一样的女人，不是有一种特别的吸引力吗？”我说。

“你也是土著！”

“什么土著？”

“香港土著！”他说。

这样问，是因为林方文告诉我，他要去学潜水。

“是跟葛米儿学吗？”

“是参加潜水店的课程，学会理论之后，还要在泳池实习，然后才可以出海。那个时候，葛米儿便可以教我了。”

“会不会很危险？”我担心。

“每一年，溺毙的人比潜水意外死亡的人多很多。”他说。

“那是因为游泳的人比潜水的人多很多呀！”我说。

“放心吧！不会有事的。”

我没有问他为什么要去学潜水，他这个人，可以因为兴之所至而去做任何事情。只是，这一刻，我不知道他是为了兴趣还是因为葛米儿的缘故。如果威威没有离开，那该有多好？

我为什么会担心和怀疑呢？是我对他没有信心，还是这种想法根本是很正常的？对于出现在自己所爱的男人身边的任何一个稍微有条件的女人，我们总是有许多联想的。他会被她吸引吗？他会爱上她吗？一生之中，我们重复着多少次这样的忧虑？这些微小的妒忌，本来就是爱情的本质，可以是毫无根据，也毫无理由的。

沈光蕙终于和比她小三岁的余平志开始交往了。她自己大概也想不到吧？还是一名中学生的时候，她爱上了比她大三十六年的体育老师老文康；许多年后，她却爱上了一个比她年轻的男人。命运真爱开她的玩笑。

她说："很久没有被人追求了，有一个也是好的。"

沈光蕙好像从来不会很爱一个人。这些年来，我也从来没有见过她痴痴地爱着一个男人。每一次谈恋爱，她都是有所保留的。后来，我终于了解她。当一个人曾经被爱情出卖和玩弄，怀抱着恨，那么，她唯一最爱的，只有自己了。

余平志有一位很爱下厨，也很会做菜的妈妈。她没有一刻可以闲下来，心血来潮的时候，她会做许多美食拿去给朋友品尝，沈光蕙也吃了不少，而且赞不绝口。那天晚上，沈光蕙就捧着一大盘余平志妈妈做的醉鸡，约了朱迪之一起来我家。

那是我吃过的最美味的鸡。

"味道怎么样？"沈光蕙问我们。

朱迪之竖起大拇指说："为了我们的幸福，你千万不要跟余平志分手。你跟他分手了，我们便再吃不到这么美味的菜。"

"她做的咖喱鸭比这个更好吃呢，那种味道，是我一辈子也不会忘记的！"沈光蕙说得眉飞色舞，"我怀疑我不是爱上余平志，而是爱上他妈妈做的菜！”

从前的人不是说，女人想要攻陷男人的心，要首先攻陷他的胃的吗？然而，这些也许过时了。我记得我看过一段新闻，一个女孩子常常被她的厨师男朋友打得鼻青脸肿，终于有一次，她熬不住了，打电话报警，救护车来到，把她送去医院。

记者问她：“他这样打你，你为什么还要跟他一起？”

那个两只眼睛肿得睁不开的女孩子微笑着说：“他做的菜很好吃，每次打完我之后，他都会做一道美味的菜给我吃，求我原谅他。”

这就是她爱他的理由。她也许是天底下最会欣赏美食的人。为了吃到最好的，她甚至甘心挨打。肚子的寂寞，比心灵的寂寞更需要抚慰。爱欲和食欲，是可以结合得如此凄美的。

沈光蕙说：“他妈妈是烹饪神童，她很小的时候已经会做蛋糕。”

“说起神童，你们记得我们小时候有个神童名叫李希明的吗？”朱迪之问。

我怎会不记得呢？他的年纪和我们差不多。我在电视上看过他表演。他是心算神童，他心算的速度比计算器还要快，几个成年人全都败在他手上。那个时候，我不知道有多么羡慕他。为什么我不是神童呢？我真的希望自己是神童，那么，我的人生便会很不平凡。

“他现在在我们律师行里当信差！”朱迪之说。

“不可能吧！他是神童来的！”我说。

“真的是他！他并没有变成一个不平凡的人。而且，他计算的速度也跟我差不多。”朱迪之沾沾自喜地说。

“难道他的天赋忽然消失了？怎会这样的？”沈光蕙问。

一个曾经光芒四射的神童，结果成为一个平凡的人，甚至考不上高中，这个故事不是很传奇吗？我问朱迪之：

“我可以跟他做访问吗？”

“我试试看吧。他人很好的，应该没问题。”

李希明爽快地答应了我的要求，我们相约在律师行附近的咖啡室见面。他来了，神情很羞涩。我对他的容貌，开始有点记忆了。这位当年我既仰慕又妒忌的神童，已经长大了，就坐在我面前。我以为他会痛苦，然而，对于往事，他似乎并不留恋。

除了数学，李希明在其他方面的成绩并不好。他的天才，好像是在十一岁那年，不知道什么原因，突然消失的。

“我爸爸当时带我去看了很多医生，他认为我是生病了。他不能够接受我不再是神童。”李希明告诉我。

“那你自己呢？会不会很难受？”

他耸耸肩膀说：“做神童一点儿也不开心！其他小孩子会妒忌你，而成年人却只会出题目考你。神童是没有朋友的。”

他又说：“另外一位神童，不知道现在变成怎样呢？”

“还有另一位神童的吗？”我奇怪。

他点了点头：“我们比试过的，他赢了我。因为我们是在一位数学教授那里比试，而不是在电视台表演，所以，知道的人并不多。”

“他叫什么名字？”

“韩星宇。”李希明说。

“他现在在什么地方？”

“这个我倒不知道了。”

"你记不记得那位教授的名字？"

"是莫教授，他家里有许多很美味的巧克力曲奇。"他微笑着回忆。

另一个神童的人生又会是怎样的呢？当时的我，只是想把他找出来，跟李希明的访问放在一起。我没有想到，那同时也是我的另一个故事。

我去拜访了莫教授，那个时候，他已经退休了，满头白发。提起韩星宇，他还是记忆犹新。

"那是二十一年前的事了，他是我见过的最聪明的小孩子。"莫教授戴上老花眼镜在书架上找资料。

"找到了！"他拿出一本已经发黄的记事簿，翻到其中的一页。

"我把当天的情况记录了下来。"莫教授说，"他在一分钟之内可以算出3 869 893的立方根是157。他更能够心算出3'404 825 447的八次方根是23！当时他只有八岁。他的智商绝对不会少于二百。"

"你知道他现在在什么地方吗？"

"他十一岁时跟家人移民到美国了，听说他十四岁已经考上麻省理工学院。以后的事，我就不清楚了。"

难道要到美国去找他吗？我不禁泄气。

我问莫教授："神童有什么特征？"

莫教授摘下老花眼镜，说："他们通常也拥有惊人的记忆力，而且回忆的速度极快。他们的世界是我们没法理解的。"

"那么，一个神童又为什么会突然失去神奇的力量，变成一个普通人呢？”

“这个我也不知道。也许，当一个人长大了，思想复杂了，心思不再澄明了，也就没办法像小时那样专注。小时候，他们是一面放大镜，看什么都比别人清晰，长大了，这面放大镜也压平了，再没有什么特别。”莫教授说。

然而，韩星宇毕竟比李希明幸运。他十四岁便考上大学，证明他的人生将会很不平凡，上帝特别眷顾他。

“原来在这里！我当天跟他们两个拍了一张照片。”莫教授在一堆旧资料中找到一个发黄了的木相架。

相片中，站在莫教授左边的是李希明，右边的那个，便是韩星宇。他长得比李希明高一点，同样有着羞涩的神情，眼睛很大，头发有点天然鬈曲。

他究竟在哪里呢？

我打电话到美国那边调查，结果发现，韩星宇的确是十四岁考上大学的。在博士班毕业时，他是班上最年轻的博士，而且一直也是拿奖学金的。

然而，更惊人的发现是，他在两年前已经回来香港了。

他就在香港吗？

我翻查电话簿，找不到用他名字登记的用户。他在哪里呢？难道我要登报寻找这位神童的下落吗？

那天，在律师行附近的咖啡室跟朱迪之见面时，她想到一个找韩星宇的方法。

“说不定他在这两年内有买卖过房子，我可以回去律师行查一查的。”她说。

“你也想知道他变成怎样吗？”我问。

“是为了帮你写好那篇神童故事呀！当然，我也想知道另一个神童的遭遇。”

“如果让你选择，你会宁愿自己是韩星宇还是李希明？”

“那还用说？当然是韩星宇了。”

“但是，从这个角度去写的话，对李希明是不公平的。他现在很快乐，也很满足。”

朱迪之用手支着头，一边幻想一边说：“对呀！韩星宇现在也许很不快乐！”

“其实，你也是神童！”我说。

她兴奋地跳了起来：“是吗？是吗？这个我自己也是知道的。”

“你当年只有十四岁，已经开始谈恋爱，等于现在的十岁。对于性爱，你尤其有天分，你不是性爱神童又是什么？”我戏弄她。

她撅着嘴巴说：“你说得太夸张了吧！你千万别在陈祺正面前说我十四岁便开始谈恋爱。”

“你是怎样跟他说的？”

“我告诉他，他是我第二个男人。”

“说是第一个已经不可能了吧？”我说。

“就是呀！其实，我也没有说谎，他是我第一个爱的男人。遇上了他，我才知道从前那些根本不是爱，不值得再去提起。爱一个人，你是会自爱的。读书很吃力，我曾经想过放弃；然而，我知道我要上进。他让我活得有尊严。”

她终于找到了圆满的爱情。只是，后来又有些不一样了。爱，总是有遗憾的。阴晴圆缺的，并不单单是月色。

“你猜你会不会找到韩星宇？”朱迪之问我。

“我会找到他的！”我不知道是哪里来的感觉，我相信我早晚会找到他。

“当你终于找到这个神童，他也许已经变成一个花甲老翁了。”

最好不要这样吧？

等消息的那段日子，我看了一些研究天才儿童的书，还有几本以天才儿童作为主角的小说。天才儿童似乎都是不快乐的。可是，常人不是也会不快乐吗？我想起了莫扎特，不是那只可怜的鹅，而是才华横溢的莫扎特。他死于三十五岁，也许是好的。他永远没有机会看到自己的天赋忽然有一天消失得无影无踪。到死的那一天，他还没有被贬下凡尘。上帝是厚爱他了。

朱迪之那边一直找不到头绪。

韩星宇不是念电脑的吗？既然他回来香港，应该也是做着和电脑有关的工作吧？神童本来就是一部有人性的电脑，有比电脑更适合他们的行业吗？我怎么没想到？

我翻查了所有电脑公司的资料，目标集中在有规模的电脑公司里。终于，我找到他了。当电话接线生说：“我们这里是有一位韩星宇先生。”那一刻，我简直兴奋得跳上了半空。

他的秘书却说：“韩先生去了游乐场。”

难道他的心理年龄仍然停留在十岁？

我留下了我的联络方法。第二天，我接到韩星宇打来的电话，他的声音爽朗而愉快。

我直截了当地说：“我想跟你做一个访问。”

“是关于什么的？”他问。

"神童的故事。"我说。

他在电话那一头笑了起来，爽快地答应了。我当天就来到他的办公室。

我以为神童长大了会比同年龄的人苍老。然而，站在我面前的韩星宇，一脸孩子气，谦谦有礼。就跟照片上的一样，他有一双大眼睛，只是那头天然鬈曲的头发不见了，也许是剪掉了。他现在是这家背景雄厚的电脑公司的总裁。我发现他是个左撇子，李希明却不是。难道善用右脑的左撇子真的比较聪明吗？

"你怎会知道我的事？"韩星宇好奇地问我。

"我见过莫教授。"我说。

"哦，莫教授他好吗？"

"他退休了，但是，他对你的印象很深呢。"

"他那里有最好吃的巧克力曲奇，是他太太做的。我是为了那些曲奇才去给他做实验的。"韩星宇微笑着回忆。他最怀念的，不是八岁时已经能够在一分钟之内心算出一个七位数字的立方根和一个十位数字的八次方根，而是教授太太的巧克力曲奇。

"李希明也是最怀念那些曲奇。"我笑着说。

"你见过李希明吗？他现在好吗？"

"他在我朋友工作的律师行当信差。十一岁那年，他的天赋突然消失了，变回一个平凡的人。"

"你的故事是要把我们两个放在一起比较吗？这样不是太好。"他关切地问。

我曾经以为他会是个怪人，他的智能却并没有使他变得无情和骄傲。

"人是没得比较的，我也不打算这样做。"我说，"李希明现在活得很快乐，他并不怀念做神童的日子。我想写的是两个被认为是天才的孩子的成长和梦想。”

“好吧！我接受你访问。”他说。

他又问我：“你是怎样找到我的？”

“那个过程很曲折。”我说。

我把寻找他的经过大致跟他说了一遍。

“两年前，我还不是在这个行业里。”他说。

“你在哪里？”

“在华尔街一家外资银行当总裁。”

“那时你只有二十六岁，你的下属会听命于一位这么年轻的总裁吗？”

他笑了：“当时我冒充三十岁。”

“为什么会跑去华尔街呢？你念的是电脑。”

“我要去了解金钱。”

“了解？”

“了解资金的运作，将来才可以做好电脑这盘生意。找不到投资者的话，多么棒的梦想也是没法实现的。”

“那么，你的梦想是什么？”我问。

“我们现在正努力开发一套资讯超级公路的软件。”

所谓信息超级公路，就是我们后来所知道的互联网。在一九九四年，互联网这个名词还没有流行起来。

“到时候，这个世界将会起了翻天覆地的变化。世界上的距离将会缩小，而知识将会是免费的。”

“那么，你想做的是——”

“网上大学。”他说，“每个人都可以在网上得到知识。”他踌踌满志地说。

“你为什么要回来香港呢？在美国发展不是更好吗？”

“我想为中国人做点事。将来，网上大学要在内地发展。”

他满怀憧憬，我却觉得惊心动魄。这是一条多么遥远的超级公路？在香港这个细小的都市里，理想是奢侈的；在我面前的这个人，却为了理想而奋斗。

“也许我会失败。”他说。

“没有理想的人生，不也是失败吗？”我说。

“你喜欢唐吉诃德吗？”他问。

我本来想说，我上中一时读过塞万提斯这本小说，那时我十一岁，谁知道他说：

“我六岁时第一次读《唐吉诃德》，便爱上了他。他也许是个疯子；但是，我喜欢他的精神，人有时候总要去梦想那不可实现的梦想。”

我们谈了很多关于他的工作的事。末了，我问他：“神童的生涯快乐吗？”

“上大学时是最不快乐的。”他说。

“为什么？”

“我十四岁上大学，所有女同学都比我大四五年。她们把我当作小孩子，不会和我约会。”他笑着说。

“你现在的心理年龄也是二十九岁吗？”我问。

“为什么这样问？”

“你秘书昨天说你去了游乐场。”

“是的，我去想事情。”

“去游乐场想事情？”

“我童年时没有去过游乐场。”他说，“我跟其他小孩子合不来。为了证明自己与众不同，我硬说去游乐场太幼稚了。长大之后，我才知道自己失去一些什么。”

“你喜欢玩哪种游戏？”

“回转木马。”他带着童稚的微笑说。

“我也是！”我兴奋地说。

“最好玩的回转木马是欧洲那些跟着流动游乐场四处去的回转木马。没有固定的地址和开放时间，驾车时遇上一个回转木马，便可以立刻把车子停在一旁去玩，有一种偶遇的惊喜。”整个访问的过程里，这是我见到他的最童真的一刻。

“你为什么喜欢玩？”他问我。

“我喜欢那永远不会停的感觉。”我说。

“但是，音乐会停。”他说。

“是的，那是我最失落的时候。不过，音乐一定会再响起来。”我说。

那是我为什么喜欢回转木马的原因，它是一片永生之地，永远不会结束，永远圆满。人生要是那样，那该有多好？

可是，人生总是要我们在遗憾中领略圆满。不是吗？我们从分离的思念中领略相聚的幸福。我们从被背叛的痛苦中领略忠诚的难能可贵。我们从失恋的悲伤中领略长相厮守的深情。

那一刻，我也没有想到，在追寻韩星宇和与他相识的过程里，我也同时偶遇了一片永生之地。

自从那次访问之后，我没有再见过韩星宇。后来有一天，我们又碰面了。

那天晚上，我和朱迪之一起去看电影。完场之后，我碰到也是刚刚看完电影出来的韩星宇。他身边还有一位蓄短发、戴眼镜、个子小小，看上去很灵巧的女孩子，看来是他女朋友。

他主动走上来跟我说："你那篇访问写得很好。"

"谢谢你。"我说。

"很感性。"他说。

我们说过再见，他匆匆地走了。

"他就是那个神童韩星宇吗？"朱迪之问我。

我点了点头。

"他的外表和谈吐跟普通人没有分别呀！"朱迪之说。

"神童长大了，也是普通人，不会变成外星人。"

"是的！虽然你说我是性爱神童，可是，我长大之后也不会有四个乳房。我还是跟其他女人一样，也会失恋。"

"他女朋友看上去也很聪明呀！"我说。

"她会不会也是神童呢？"朱迪之说。

"如果两个人都那么聪明，才不会谈恋爱呢！聪明的人，会爱自己多一点，只有笨蛋才会爱对方比爱自己更多。"

"那我们都是很笨的。"

"难道我们三个人之中，沈光蕙是最聪明的？"

"当然了！她从来不会太爱别人。"

朱迪之又问我："为什么最近总是你一个人，林方文呢？"

"他很忙呀。葛米儿的新唱片正在录音，所有的歌词都是他写的。有时间的话，他也会去潜水。"

"跟谁潜水？"

"跟葛米儿。"

“他们天天在一起，你不怕吗？”

“那是工作呀！”

虽然我是这样说，我可不是一点儿也不担心的。

“葛米儿是聪明的呢还是笨的呢？”朱迪之问我。

“她不是太聪明。”

“那就糟了！”

“为什么？”

“那她会爱对方多一点，她会付出更多。”

“但她也不笨呀！”

“那更糟了！”

“为什么？”

“那就是难以捉摸了。她有时会很爱对方，有时又会很爱自己。”

“那我呢？我算不算是难以捉摸？”我问。

“你？你人这么痴心，林方文只要用一根钉子就可以把你死死地钉在墙上。”

“痴心已经不流行了。”我说。

“你从来也不是个流行人物。”她说。

“那现在流行些什么？”

“只是对自己的感觉负责任，只忠于自己。”

“你跟陈祺正也是这样吗？你不是说自己很爱他的吗？你也不流行。”

“但是，我比你流行一点点。”

“葛米儿是二十岁吧？”她问。

“嗯。”

“但是，你已经二十六岁了。”

“你想说我比她老，是不是？”

“男人都喜欢年轻的女孩子。”

“二十六岁也不老。”

“总会有比我们年轻的女孩子出现。”

“也总会有比我们年轻的男人出现。”我说。

“可是，那时我们也许已经太老，不会被他们所爱了。男人却不一样，他们永远不会太老，不会不被一个年轻的女孩子爱上。”

林方文会因为葛米儿比我年轻而爱上她吗？我了解的林方文不是这样的一个人。如果他会爱上别人，那是因为他太忠于自己的感觉了，他也是一个笨蛋。

那个晚上，跟朱迪之分手之后，我并没有回家，我去了林方文那里。

他还没有回来，我趴在他的床上，抱着他的枕头，深深地思念着他的体温。爱一个人，不是应该信任他的吗？不是说爱里面没有惧怕的吗？我为什么要害怕？

午夜的时候，他回来了。

“你来了吗？”他站在床边，温柔地问我。

我站起来，扑到他身上，用我的双手和双脚紧紧地锁住他。

他给我突如其来的热情吓倒了，抱着我问：“你干什么？”

“你是聪明人还是笨蛋？”我问。

他没有回答我，我也没有告诉他我为什么要这样问。他的身上，有着我彻夜思念的体温。他的爱，从未缺席过。他怎会离开我呢？

有些女人会跟男朋友身边所有的女人刻意发展友谊。一旦大家成为好朋友，那些女人便怎么也不好意思爱上她们的男朋友。她们在男朋友的周围布下这套红外线保安系统。谁能说这不是一种深情呢？要很努力和很爱他才肯这样做的。

我也可以跟葛米儿做朋友。可是，我压根儿就不是这种人。况且，有哪个女人可以保证她的好朋友不会爱上她的男朋友呢？

没有安全感的爱，是累人的。我会因此而看不起自己。

朱迪之问我，可不可以找葛米儿到陈祺正的学校里唱歌。陈祺正任教的中学，是专门接收情绪和行为有问题的学生的。那些学生都是来自很复杂的家庭，少一点爱心，也无法在那里教书。陈祺正却是个很受学生欢迎的老师。对着这位老师，我怎能够说不呢？

我打了一通电话给葛米儿，她很爽快地答应了。

“我看了你写的那两个神童的故事，很有意思呀！”她在电话那一头说。

“谢谢你。”

“我也爱吃巧克力曲奇，可是，我不是神童。威威做的巧克力曲奇也很好吃，自从他走了之后，我没吃过什么好东西。”

她仍然怀念着威威吗？我的心忽然笃定了。

我找她，真的是为了陈祺正吗？还是我也像那些女人一样，想跟有机会成为情敌的女人做朋友？连我自己也无法确定。

葛米儿来学校唱歌的那天晚上，我和朱迪之也去了。在舞台上光芒四射的她，拥有其他女孩子没有的吸引力。她能够把林方文的歌用最完美的声音和感情唱出来，这是我永远无法为他做到的。

我坐在第一排。这天晚上，葛米儿穿了一条闪亮亮的短裤，左脚脚踝上那个莱纳斯的刺青也随着她的身体在跳动。

“她脚上有个刺青呢！是莱纳斯。”坐在我身边的朱迪之说。

“是的，是莱纳斯。”我说。

葛米儿喜欢的，就是像莱纳斯那样的男孩子吗？永远长不大，充满智能却又缺乏安全感。我忽然害怕起来，她的脚踝上为什么不是史努比或查理·布朗呢？林方文从来不是这两个角色；他是莱纳斯。

一个满月挂在天空，表演结束之后，我坐葛米儿的车子回去。她探头出窗外，望着月光说：“在斐济，每逢月满的晚上，人们会到海边去捉螃蟹和比目鱼，然后举行丰盛的筵席。”

“为什么要在月满的晚上？”

“因为只有在月满的晚上，螃蟹才会大批地爬到沙滩上，而比目鱼也会游到浅水的地方。”

“它们要在那里相会吗？螃蟹和比目鱼。”

“没有人知道呀！”她说。

也许，螃蟹和比目鱼都约定了自己的情人，每逢月满在沙滩上相会。它们却不知道，月亮是死亡对它们的呼召。又或许，它们不是不知道的，然而，为了见心爱的人一面，即使会死，它们也愿意冒险。

我和林方文再走在一起的那个晚上，是一九九二年的除夕。他约了我在兰桂坊见面，我没有去。结果，他来了我家。第二天，我才知道我们逃过了一场大难。除夕的晚上，那里发生了人踏人的惨剧。许多年轻人在欢天喜地迎接新年的一瞬间，被死亡召唤了。其中一名男死者，用血肉之躯保护着怀里的妻子。他伏在她背后，任由其他人踩在他身上。他死了，他的妻子幸存。他用自己的生命拯救了她。在那个可怕的夜晚，他的挚爱深情，在血红的地上开出了漫天的花。

我常常想，如果那个晚上我和林方文也在那里，他会舍身救我吗？有谁知道呢？每个女人也曾经在心里问过，她所爱的男人会为她死吗？不到那一刻，谁又能够保证呢？

也许，我们不应该期待那一刻的降临。我们宁愿一辈子都平安幸福，一直相信自己所爱的人会为自己舍弃生命。这样相信，已经足够了。爱情的深度，还是不要去求证的好。

葛米儿忽然问我：

"你见过面包树吗？"

"见过了。"我说。

她说："在斐济，到处都是面包树。我们把果实摘下来之后，会跟螃蟹、比目鱼和海鲜，一起放进土穴里烤。烤熟之后，很好吃的呢！真想吃面包树，香港是没有的吧？"

我笑了笑："这里只有面包和树。"

"太可惜了！"她脸上流露失望的神情。

面包树的果实真的有那么好吃吗？葛米儿思念的，也许不是面包树，而是她的第二个故乡。威威不是说，他以后有了两次乡愁吗？

"如果回去斐济的话，我带一个面包树的果实回来给你吃！最大的果实，像一个西瓜那么大呢！"她用手比画着。

那一刻，我竟然想跟她说：“那你快点回去斐济吧！最好不要再回来！”

我是多么的懦弱？我没胆量去求证爱情的深度。

葛米儿说：“威威有一个朋友，就是给面包树掉下来的果实砸死的！那是很罕有的意外呢！”

“面包树的果实有那么重吗？”我吓了一跳。

“那是千年难得一见的，最巨大的果实！”她说，“那天，他与女朋友在那株面包树下面谈情，一个巨型的果实突然掉下来，不偏不倚地砸中了他的脑袋瓜。临死之前，他刚刚跟她说：‘我会永远爱你！’没想到他说完了，就死了，那是他在这个世界上说的最后一句话。”

“死了，那便真的是永远了。”我说。

“是的。他没有机会爱别的女人了。”

“我会永远爱你！”到底是谎言，还是诅咒呢？我想起牛顿。一个月夜里，牛顿坐在一株苹果树下沉思，被一个掉下来的苹果砸中了，发现了地心吸力和万有引力。如果牛顿当天是坐在一株面包树下，那会不会是另一个结局？上帝有多么的不公平？坐在苹果树下的，成为了伟大的科学家。在面包树下面信誓旦旦的，却成了孤魂野鬼。上帝是叫世间男女不要相信永远的爱情吗？

“你喜欢莱纳斯的吗？”我问葛米儿。

“哦，是的！《花生漫画》之中，我最喜欢他！”

“你不会嫌弃他这个人太缺乏安全感吗？”

“也许是因为我太有安全感了，所以我不会怕。”她说。

爱情本来就是寻找自己失落了的一部分，重新结合，从而找到了完整和填满。充满安全感的人，爱上一个缺乏安全感的，就是与失落的部分重新结合吗？

我和林方文是哪一个部分结合了？

葛米儿说："我不是告诉过你斐济土著有一种法术使男人永远留在女人身边的吗？"

"你说是骗我的。"

"也不全是骗你的。"

"真的有这种法术吗？"

"那不是法术，那是一种迷信。"她说，"很久很久以前，斐济土著会为七岁以上的女童举行成人礼。所谓成人礼，就是由一位世袭的女文身师用削尖了的贝壳或木材在女童的屁股上纹上图案。"

"是什么图案？"

"就像陶瓷上的花纹，都是斐济人的日常生活，例如是捕鱼和飨宴。"

"那不是很痛吗？"

"是的！有些女童会彻夜惨叫，有些女童根本没法忍受。完成了成人礼的女童，嘴角会纹上两个圆点或一弯新月作为记号。斐济土人相信，屁股上的刺青会令女童永远漂亮和性感，将来能够让男人对她们倾心。"

"要用屁股来交换男人的爱，那太可怕了！"我隔着裤子摸摸自己的屁股，幸好，它是嫩滑的。

葛米儿双手抱着脚踝，说："所有的法术，都是惊心动魄的。"

是的，所有俘虏情人的法术，无一不是玉石俱焚，相生相灭的。我们用爱去换爱，用感情去换感情，用幸福去换幸福；也许换到，也许换不到。螃蟹和比目鱼在月夜里爬上海滩，成为了人们锅中的食物。如果它们没有死掉，便能够换到一个快乐的晚上。

分手的时候，葛米儿问我："你觉得自己幸福吗？"

我微笑着点点头。

后来，我有点后悔了。幸福是不应该炫耀的。炫耀了，也许便会破灭。到时候，我又用什么去换回我的幸福呢？

葛米儿的唱片推出了。整张唱片的歌词都是林方文写的。那些歌很受欢迎，电台天天在播。唱片的销量也破了她自己的纪录。

在祝捷会上，葛米儿公开地说："要感谢林方文，没有他，也不会有我。谢谢他为我写了那么动人的歌词，这是我的幸福。"

林方文没有在那个祝捷会上出现，他几乎从来不出席这种场合。他没去也没关系，大家都说他和葛米儿是金童玉女。

金童玉女，不是我和他吗？

在报馆里看到这段娱乐新闻的那一刻，我心里充满了酸溜溜的感觉。我为他的成功而骄傲，可是，有哪个女孩子会喜欢自己的男朋友跟另一个女孩子成为金童玉女呢？这是很难接受的吧？

当我满心酸溜溜的时候，林方文的电话打来了。

"你在哪里？"他的声音很愉快。

听到他的声音，我却妒忌起来了。

"不是说今天去潜水的吗？"我问。

"我在船上，一会儿就跳下去。"他说。

"那还不快点跳？"我冷冷地说。

"干吗这么快？"他笑嘻嘻地问。

“海里的鲨鱼已经很饿了！”我说。

“你想我给鲨鱼吃掉吗？”

“求之不得。”

“你这么恨我吗？”

“恨透了！”

“为什么？”

“恨你也需要理由的吗？”

“那总要让我死得瞑目！”

“恨你就是因为你太可恨！”

“你是从来没有爱过我的吧？”他故意装着很可怜地问我。

“谁爱过你？”

“既然你从来没有爱过我，你为什么和我睡？”

“你想知道理由吗？”

“嗯。”

“难道你自己看不出来的吗？你不过是我的泄欲工具！”我笑呵呵地说。

“做了你的泄欲工具那么多年，你总会对我有点感情吧？”

“有是有的，就是对于泄欲工具的感情。”

“万一我给鲨鱼吃掉了，你便连个泄欲工具也没有。”

“那没关系，反正我已经厌倦了你。”我说。

“你怎可以厌倦了我呢？我还没有厌倦你呀！”

“那可不关我的事！首先厌倦对方的，当然是占上风的了。”

“难道你不需要我吗？”

“我怎会需要你？我们又不是金童玉女！”我故意那样说。

“那我们是什么？是东邪西毒吗？”

“是南杏北杏！”我没好气地说。

“什么南杏北杏？”

“就是南杏仁和北杏仁。”

“杏仁？就是两个心呀！”他高兴地说。

“吃多了便会中毒！根本我不是你什么人！你也不是我什么人！”

“你真是没良心！”

“你现在才知道吗？那你还不快点跳下去！”

“那我跳了！也许你以后再也见不到我。”

“但愿如此！”

“我跳了！”他悲伤地说。

电话真的挂断了。我连续打了很多次，他没有再接电话。

他真的跳了下去吗？他当然知道我是跟他闹着玩的。海里的鲨鱼却不会闹着玩。他会遇到鲨鱼吗？会有其他意外吗？我很后悔那样诅咒他。他不是我的泄欲工具。他是我的爱和欲，他不可以死。

那个时候，我不知道多么后悔跟他开那样的玩笑。他不回来了怎么办？直到黄昏，我才终于找到他。

“你在哪里？”我问他。

“在船上，刚刚从水里上来的。你找我有事吗？”他气定神闲地说。

“看看你有没有给鲨鱼吃掉？”

“你现在很失望吧？”

“是的，失望极了。”

“你对我真的是有欲无情吗？”

“那当然了。”

“我可以来找你吗？”

“你找我干什么？我根本不想见到你。”

“但是，我想见你。”

“你为什么要见我？”

“就是要做你的泄欲工具。”他嬉皮笑脸地说。

“我不要你。”我说。

那天晚上，他来了，脸和脖子晒得红彤彤的。我们并没有分离；然而，那一刻，当他安然无恙地站在我面前，我竟然有着在茫茫人海中跟他重逢的感觉。也许，曾经有千分之一或者万分之一的机会，他遇到了意外，我们便再也没法相见。我整整一天惦念着他，牵肠挂肚，都是自己作的孽。女人要是诅咒自己所爱的男人，最终受到惩罚的，原来还是她自己。

“你不想见我吗？”他问。

“谁要见你？”我说。

“既然不想见我，那就合上眼睛吧。”

“为什么要合上眼睛？”

“那就再见不到我了！快点！”

我唯有合上眼睛。他拉着我的两条手腕，我的双手突然感到一阵冰凉，他把一个小小的圆球放在我手里。我张开眼睛，看到我手上的一颗风景水晶球。

“送给你的。”他说。

那不是我们童年时常常玩的东西吗？不是已经绝迹了吗？

水晶球里面嵌着海底的风景。牛奶蓝色的珊瑚礁、绿色的海藻和黄色的潜艇，在水波里飘浮。几只纸折的、彩色的鱼儿轻盈地飞舞，缓慢而慵懒，在水色里流转。水晶球里，空气便是水，明净而清澈。我小时候也拥有过一个风景玻璃球，水液流波里，是古堡和雪景，雪花纷飞飘落，永远地重复着。那是童年时一个美好的回忆。玻璃球里，一切景物都是永恒的，让我们遗忘了变迁。

“这个水晶球，是可以许愿的吗？”我把它放在眼前。

“你想的话，为什么不可以？”林方文说。

“为什么要送这个给我？”

“让你也看看海底的风景。”

“你看到的海底和我看到的海底是一样的吗？”

“只是没有潜艇。”

“也没有鲨鱼？”

“是的。”

“那太好了。”我说。

“那潜水员呢？”我问。

“躲起来了。”他俏皮地说。

我把水晶球从左手掉到右手，又从右手掉到左手，它在我手里流转。如果真的可以许愿，我要许一个什么愿呢？是永不永不说再见的愿望吗？终于，我知道，要永不永不说再见，那是不可能的。

后来有一天晚上，我在铜锣湾闹市里碰到葛米儿，她在那儿拍音乐录影带。水银灯的强光把漆黑的街道照亮了，工作人员利用一辆水车制造出滂沱大雨的场景。那里围了很多人，我走到人群前面，想跟她打招呼。她正低着头用一条毛巾抹脸，当她抬头看见了我，她迟疑了一会儿才走过来。

“很久不见了！”她热情地说。她的热情，却好像是要掩饰刚才的犹豫。

“拍完了吗？”我问。

“还没有呢！看来要拍到半夜。”她说。

一阵沉默之后，导演把她叫了过去。

她在雨中高唱林方文的歌，水珠洒在我身上，我悄悄地穿过人群离开了。

回家的路上，见面的那一幕，在我脑海里重演又重演。看到我的时候，葛米儿为什么会有片刻的迟疑呢？她好像是在心里说：“哦，为什么要碰到她呢？”从前每次见面，我们都有说不完的话题；这天晚上，我们之间，却似乎相隔了一片云海。是她太累了？还是她在回避我？

睡觉的时候，我把那个风景水晶球抱在手里；时光流水，双掌之间，有着幸福的感觉。这一切是假的吗？水深之处，是不是有我不知道的秘密？林方文说的，彻底的盲目，才有彻底的幸福。在那个漫长而痛苦的夜晚，我多么讨厌自己是一个太敏感的人？

“请给我一杯草莓冰淇淋。”我跟年轻的女服务生说。

这个小眼睛、圆脸孔的女孩子，带着粲然的微笑问我：

“在这里吃，还是带走的？”

“在这里吃的。”我说。

下班之后，我一个人跑到浅水湾这家麦当劳餐厅吃草莓冰淇淋。平常我是不会一个人跑到这么远的地方的，而且只是为了吃一杯冰淇淋。可是，那天晚上，我就是想这样。

从前，我是不大爱吃甜的；然而，那段日子，我忽然爱上了甜的东西。所有甜的味道，似乎总是能够让人感到幸福的吧？砒霜好像也是甜的。

童年时，我听过一个关于砒霜的故事。听说，有一个人吞砒霜自杀，临死之前，他在墙上写了一个字母S。这个S，到底是sweet还是sour呢？没有人知道，砒霜是甜还是酸的，永远是一个谜。也许，那个S并不是sweet或sour，而是smile或者stupid。那人是含笑饮砒霜。不管怎样，我想，砒霜是甜的，否则怎会含笑而饮？所有毒药都应该是甜的。

已经是冬天了，沙滩上只有几个人，也许都是来看日落的。日已西沉，他们都留下来等待星星和月亮。

上大学时，最刺激的事便是跟林方文一起逃课来这里吃汉堡包。怀着逃课的内疚，从香港大学老远地跑到浅水湾来，不过是为了吃一个汉堡包。这里卖的汉堡包跟市区的并没有分别；不一样的，是这里的风景和心情。我们常常拿着汉堡包和汽水在海滩上等待一个黄昏。那个时候，快乐是多么的简单？

夜已深了，餐厅里，只是零零星星地坐着几对亲昵的情侣，格外显得我的孤独。偶尔抬头的一刻，我发现一个女孩子跟我遥遥相对，也是一个人在吃草莓冰淇淋。她看到了我，微微地跟我点了点头。

她不就是韩星宇的女朋友吗？我们在电影院外面见过了。

她为什么会一个人在这里？

她身上穿着黑色的裙子，旁边放着一件灰色的大衣和一个黑色的手提包，看来是刚刚下班的样子。这一身庄重的打扮跟她手上那杯傻气的冰淇淋毫不相配。那张聪颖的脸孔上，带着苦涩的寂寞，跟那天在韩星宇身边的一脸幸福，是完全两样。她为什么来这里呢？原来除了我之外，还有人是特地来浅水湾吃草莓冰淇淋的吗？那是怎样的心情？

我也微笑地跟她点了点头。我们并不认识，也不知道彼此的心事，素昧平生。然而，在目光相遇的那一刻，却有着相同的落寞。她是失恋了吗？还是依旧在情爱的困顿中打转？

今夜，月是弯的。我看到的月光，跟林方文看到的还是一样的吗？从前的快乐和背叛总是千百次地在我心里回荡。他是我一直向往的人。他是不是又再一次欺骗我？人有想象是多么无奈？想象强化了痛苦，使痛苦无边无涯，如同我这刻看不见海的对岸。

漫长的时光里，跟我遥远相对的那个女孩子，也和我一样，低着头沉默地吃着手里那杯久已融掉了的冰淇淋。当我看不见她时，她是在看我吗？我好像在她身上看到了我自己，她是不是也在我身上找到了一种同病相怜的慰藉？我们那么年轻，在这样的晚上，不是应该和心爱的人一起追寻快乐的吗？为什么竟要流浪到这个地方，落寞至此？我们由于某种因缘际会而在这里相逢，是命运的安排吗？

最后，店里只剩下我们两个人，形影相吊。月是缺的，是要我们在遗憾里怀缅圆满的日子吗？

"请你给我一个汉堡包。"我跟那位年轻的女服务生说。

她依旧带着粲然的微笑问我："在这里吃，还是要带走的？"

"带走的。"我说。

风很冷，我把那个温热的汉堡包抱在怀里。我要带去给林方文吃，给他一个惊喜。这不是一般的汉堡包，这是浅水湾的汉堡包，带着浅水湾的气息和心情，也带着我们从前的回忆。

下车之后，要走一小段路才到。我愉快地走在风中，也许，待会儿他会告诉我，一切都是我自己的幻想，根本从来没有发生。

然而，我终于知道这一切不是我的幻想。

我在那座公寓外面见到葛米儿。她穿着鸭绿色的羊毛衣和牛仔裤，身上斜挂着一个小巧的皮包，从公寓里神采飞扬地走出来，那张微红的脸上带着愉快的神色。那种姿态心情不像是来探访一位朋友，而更像是探访一位情人。由于心情太愉快了，嘴巴也不自觉地在微笑，回味着某个幸福的时刻，以至跟我擦肩而过也没有来得及发现我的存在。那股在我身边飘飞的味道，竟仿佛也带着林方文的味道。

我多么渴望眼前的一切只是幻觉？然而，当我发现葛米儿把身上那件鸭绿色的羊毛衣穿反了，牌子钉在外面，我沉痛地知道，一切都是真实的。

把羊毛衣穿反了，也许不代表什么。我也有过这样的经验，在朋友家里玩，因为觉得热而把外衣脱下来，穿回去的时候，却不小心穿反了。葛米儿也是这样吗？有谁知道呢？我想，应该是这样的吧？那又不是内衣。我又没看见她的内衣穿反了。

我打开门的时候，林方文正好站在那个小小的阳台上，他转过头来，看到我时，脸上闪过了一丝愕然的神色。他站在那里干什么？是要目送别人离去吗？

“你来了吗？”他说。

我望着他眼睛的深处说："我在楼下见到葛米儿。"

"她来借唱片。"

说这句话时，他看来是多么的稀松平常？然而，他的眼睛却告诉了我，他在说谎。

"是吗？"我说。

他若无其事地坐下来。

忽然之间，所有悲伤的感觉都涌上眼睛了。我以为林方文是我最熟知的人，结果，他却是我从不相识的人。

我了解他吗？他深爱着我吗？这一切一切，仿佛多么的遥远。

他为什么要骗我？葛米儿身上那个小皮包，根本放不下一张唱片，她的羊毛衣也没有口袋，她手上并没有拿着任何东西。

"你是不是爱上了她？"我问林方文。

"你的想象力太丰富了。"他还在否认。

"不是这么简单的吧？"我盯着他说。

而他，居然沉默了。

"你为什么要这样对我？"

他还给我的，依然是一片沉默。

"你这个骗子！"我把汉堡包掷向他。

他走过来捉住我的胳膊，说："你不要胡思乱想好吗？"

我推开他，向他吼叫："你可以伤害我，但请你不要再侮辱我的智慧！"

他站在那里，一句话也不说。

"你是不会为我改变的吧？"我流着泪问他。

没等他回答，我说："如果是这样，我们为什么要重新开始呢？”

爱火，还是不应该重燃的。重燃了，从前那些美丽的回忆也会化为乌有。如果我们没有重聚，也许，我会带着对他深深的思念活着，直到肉体衰朽；可是，这一刻，我却恨他。所有的美好的日子，已经远远一去不可回了。

我哭着骂他：“没有人比你更会说谎！什么为我写一辈子的除夕之歌，根本是骗我的！林方文，你太卑鄙了！从今以后，我不想再见到你！”

他拉着我的手求我：“留下来好吗？”

我告诉他我不可以，因为我不会说谎。

我从他家里走出来，卑微地蹲在楼梯底下哀哀痛哭。为什么我爱的男人是无法对女人忠心的？我只能够接受他而无法改变他吗？

家里的电话不停地响，我坐在电话机旁边，听着这种悲伤的声音一次又一次地落空了。我竟比我自己想象的坚强。也许，只有彻底的绝望，才能够换到彻底的坚强。上帝有多么的仁慈？同一个人，是没法给你相同的痛苦的。当他重复地伤害你，那个伤口已经习惯了，感觉已经麻木了，无论再给他伤害多少次，也远远不如第一次受的伤那么痛了。

多少年来，我爱着的是回忆里的林方文吗？他是我在青涩岁月里的初恋，他是我第一个男人。每一次，当他伤害我，我会用过去那些美好的回忆来原谅他。然而，再美的回忆也有用完的一天，到了最后，只剩下回忆的残骸，一切都变成了折磨。

也许，我的确是从来不认识他的。

英文书店里那些失恋手册全都是印刷得非常精美的，许多还配上可爱的插图。除了失恋手册之外，还有一套五十二张的失恋扑克，提供五十二个有效的方法，帮你度过失恋的日子。

失恋，原来也是一种商品。

为什么世上只有性商店而没有失恋商店呢？市场既然为大家提供了性爱的慰藉，也该同时提供失恋的慰藉，才是公平的。也许，商人们太知道了，失恋虽然是一种商品，却没有太多人会快乐地抢购。

只有我，抱着一大堆失恋手册离开，用来慰藉自己。

我没有失恋，可是，书店里也没有写给被背叛者的手册。我把书和扑克铺在床上，彻夜拥抱着别人的失恋经验。

这些书为失恋者提供了许多治疗的方法。譬如说：淋浴治疗。那就是穿着衣服洗澡。

我已经照做了。我穿着我最喜欢的一件黑色羊毛大衣洗澡，那是我花了大半个月的薪水买的，只穿过两次。从此以后，这件只能干洗的大衣不能再穿了。破坏，原来是非常痛快的。难怪有些人会带着罪恶感去破坏别人对他的爱和信任。

然而，另一个方法却不适合我，那是情歌治疗。作者说，她会选一首悲伤的情歌跟着唱，然后放声地痛哭。发泄了，也就会好过一点。这个方法，对我是不行的。最悲伤的歌，不就是林方文写的歌吗？他曾经抚慰了多少在爱情中受创的心灵？对我，却是残忍的折磨。更何况，那些歌是葛米儿唱的。

我发觉所有的失恋手册都不约而同地提出了一个治疗方法，那就是：让它过去吧！

谁不知道这是最好的方法，可是，这是不容易做到的吧？

最后，我找到了自己的方法，那就是甜点治疗。

除了砒霜之外，我疯狂地吃甜点。吃到甜的味道时，的确有片刻幸福的感觉；反正，幸福也不过是虚幻的。

失恋手册建议的治疗方法，还包括友情治疗和凭吊治疗。

友情治疗一向是最有用的，朱迪之和沈光蕙陪我度过了不少艰难的时刻，我也同样陪过她们。女人之间的友情，往往是因为失恋而滋长的。

所谓凭吊治疗却悲情许多。为了一解思念的痛楚，唯有去凭吊已逝的爱。比方说：每次想起他，便在他的房子外面徘徊，回味和他一起的时光。又比如说：趁他不在的时候，再一次来到他的家，趴在他的床上，瞻仰爱情的遗容。

我把两个治疗一起用了，只是稍微改良了一下。我要朱迪之开了陈祺正的车子陪我去相思湾。

夜里，朱迪之把车子停在路边，我们在车上守候。

朱迪之一脸疑惑地问我："你是不是走错了地方？来这里应该是找晦气吧？怎会是凭吊？"

我是来凭吊的。我要让自己死心，不再相信有复活的可能。

寒风凛冽，我们瑟缩在车上。

"不知道葛米儿什么时候才回来？"朱迪之说。

我甚至不知道她会不会回来。也许，她已经住进林方文的家了。

"她回来的时候，你会怎样？"朱迪之问我。

"我像是个会找晦气的人吗？"我说。

“所以我不明白你为什么来这里，你不会要她把男朋友还给你吧？”

“放心，这一点尊严，我还是有的。况且，不是林方文不要我，是我不要他。”

“复合还是不应该的，那就是等于让对方再伤害自己。所以，我从来不吃回头草；当然，那些回头草也没有来找过我。”

她又说：“我也可以写一本失恋手册。最有效的方法，是新欢治疗。失恋之后，尽快再爱上别人，那才可以忘记从前的那一个。一个女人的情伤，是要由另一个男人来抚慰的。这是我持之以恒的方法。”

我苦笑：“读了那么多治疗方法，我也快要成为专家了。”

“她是不是回来了？”朱迪之指着反光镜上的一点光线说。

那点光线愈来愈近，一辆车子缓缓地驶进来，我看见葛米儿坐在车上。那一刻，我突然很后悔自己来了，万一给她发现了怎么办？她也许会认为我是个可怜的女人，是来求她离开林方文的。然而，要逃跑也已经太迟了。

葛米儿把车停在屋外。关掉引擎之后，她从车上走下来，到行李厢去拿东西。她口里一直哼着歌，两条手臂轻快地随着身体摇摆。即使是只有一个人的时候，她还是在微笑的，正在告诉身边的人，她是一个沐浴在爱河中的女人。

林方文并没有因为我的离开而离开她吧？

本来我有点恨她；然而，这一刻，我不觉得她有什么可恨。我能怪她吗？要怪的话，只能怪林方文。如果他对我的爱是足够的，又怎会爱上别人？

也许，我连林方文也不应该怪责。把葛米儿从那个遥远的岛国召唤回来的，不是林方文，而是命运。第一次听到葛米儿的歌声时，林方文是和我一起听的。那个时候，我们怎会想到这个结局？这一切的一切，难道不是命运的安排吗？还有她脚踝上的莱纳斯，不就是一个警号吗？就像电影《凶兆》里，再世投胎的魔鬼，身上不是有三个六字吗？

葛米儿把行李厢的门合上，拿着一个大包包走进屋子里。屋里的灯亮起来，灯影落在纱帘上，我看见她放下了那个包包。把身上的大衣脱下来，又脱下了裙子，穿着内裤在屋里走来走去。她和林方文已经上床了吗？

在她身上，我忽然看见了林方文的影子。也许，她是比我更适合林方文的。在林方文最低潮的时候，让他重新有了斗志的，并不是我，而是葛米儿。我已经不能够为他做些什么了。我们要走的路，也许已经不一样。一起之后分开，分开了，又走在一起，然后又分开。这样的离离合合，到底要重演多少次？也许，我们本来就是不适合的，我们一直都在勉强大家。

屋子里的灯关掉了。朱迪之问我：

“你在等什么？”

我是来凭吊的，在情敌身上凭吊我的爱情；而我，的确因此死心了许多。

“我们可以走了。”我说。

车子缓缓地退后，离开了那条漆黑的小路，人却不能回到过去。爱情是善良的，爱情里的背叛，却是多么残忍？

最后的一个治疗法是：不要瞻仰爱情的遗容。看着遗容，思念和痛苦只会更加无边无涯。

我把那个风景水晶球收在抽屉里。这并不是真的水晶球，我看不见未来，它也不能再给我幸福的感觉了。何况，送这个水晶球给我时，林方文也许已经背叛了我。

读了那么多的失恋手册，似乎是没有用的，每个人的失恋，都是不一样的吧？痛苦也不一样。电话的铃声已经很久没有再响起了。我常常想，两个曾经相爱，曾经没有对方不行的人，一旦不再找对方，是不是就可以完了？直到老死也不相往来。谁说爱是痴顽愚昧的？爱，也可以是很脆弱的。

只是，漫长的夜里，思念依然泛滥成灾。他怎么可能不来找我呢？就这样永远不相见吗？终于，他来了。

我打开门看到他时，他一定也看到了我的脆弱吧？

沉默，像一片河山横在我们中间。这是我熟悉的人吗？我们曾经相爱吗？那又为什么会弄到这个境地？

终于，我说："你来干什么？"

他沉默着。

"如果没有话要跟我说，为什么要来找我呢？不过，我其实也不会再相信你！"我流下了眼泪。

在一片模糊里，我看见他的眼睛也是湿的。然而，我太知道了，他善于内疚，却不善于改过。这一次，我不会再给他骗倒。

他做完七日和尚之后，不是带着一个故事回来的吗？那个故事说得对，爱会随谎言消逝。

"你走吧！我不想再见到你！"我哭着说。

他想过来搂着我，我连忙退后。

"根本我们就不应该再在一起！"我抹掉眼泪说。

"你到底想怎样？"他问我。

他还问我想怎样？

“林方文，已经不是第一次了，这种事是会不断重演的。”

他可悲地沉默着。他来了，却为什么好像是我一个人在说话？是的，我在瞻仰爱情的遗容，遗容当然不会说话。我再不能爱他了。

“我求求你，你走吧！”我说。

他站在那里，一动也不动。

“我但愿我从来没有爱过你！”我哀哭着说，“请你走吧！”

我把钥匙从抽屉里拿出来还给他：“这是你家的钥匙，我不会再上去了。”

“你用不着还给我的。”他说。

我从他脸上看到了痛苦；然而，这一切已经太迟了。

终于，他走了。他来这里，是要给我一个怀抱的吧？我何尝不思念那个怀抱？可是，我不会再那样伤害自己了。我所有的爱，已经给他挥霍和耗尽了。耗尽之后，只剩下苦涩的记忆。他用完了我给他的爱，我也用完了他给我的快乐。我对他，再没有任何的希望。一段没有希望的爱情，也不值得永存。

“今晚很冷呢！”沈光蕙躲在被窝里说。

我家里只有两张棉被，都拿到床上来了。朱迪之和沈光蕙是来陪我睡的。沈光蕙自己带来了睡袍。朱迪之穿了我的睡衣和林方文留下来的一双灰色羊毛厚袜子。

“你不可以穿别的袜子的吗？”我说。

“你的抽屉里，只有这双袜子最厚和最暖。”她说。

“半夜里醒来，看到穿着这双袜子的脚，我会把他踢到床底下的。”我说。

她连忙把一双脚缩进被窝里，说：“你不会这么残忍吧？这个时候，你应该感受到友情的温暖才对呀！”

“就是嘛！”沈光蕙说，“友情就是一起挨冷！幸好，我们有三个人，很快便可以把被窝睡暖。”

床边的电话响起来，我望着电话机，心情也变得紧张。近来，对于电话的铃声，我总是特别敏感。我竟然还期待着林方文的声音。

“找我的。”沈光蕙说。

我拿起电话筒，果然是余平志打来找她的。沈光蕙爬过朱迪之和我的身上，接过我手里的电话筒。

她跟电话那一头的余平志说：“是的，我们要睡了。”

朱迪之朝着电话筒高声说：“你是不是也要跟我们一块睡？”

沈光蕙把她的头推开，跟余平志说：“好吧，明天再说。”挂了线之后，她躺下来说，“很烦呢！”

“他不相信你在这里吗？”我问。

“他嘴里当然不会这样说。如果可以装一个追踪器在我的脚踝上，他会这样做的。”

朱迪之笑着说：“谁叫你跟一个第一次谈恋爱的男人一起？这种人太可怕了！”

沈光蕙说：“但是，他爱我比我爱他多呀！这样是比较幸福的。”

这样真的是比较幸福吗？所有处在恋爱年龄的女孩子，总是分成两派：一派说，爱对方多一点，是幸福的。另一派说，对方爱我多一点，才是幸福的。也许，我们都错了。爱的形式与分量从来也不是设定在我们心里的。你遇到一个怎样的男人，你便会谈一段怎样的恋爱。如果我没有遇上林方文，我谈的便是另一段恋爱，也许我会比现在幸福。

爱对方多一点还是被对方爱多一点，从来不是我们选择的。我们所向往的爱情，跟我们得到的，往往是两回事。像沈光蕙选择了余平志，也许是因为她没有遇上一个她能够爱他多一点的男人。幸福，不过是一种妥协。懒惰的人，是比较幸福的。他们不愿意努力去寻觅，自然也不会痛苦和失望。

而我向往的，是什么样的爱情呢？如果说我向往的是忠诚，我是不是马上就变成一个只适宜存活于恐龙时代的女人？

我拉开床边的抽屉，拿了一包巧克力出来。

“你再吃那么多的巧克力，你会胖得没有任何男人爱上你。”朱迪之说。

“那也是好的。”我把一片巧克力放进嘴里。

“我们上一次三个人一起睡是什么时候？”朱迪之问。

“是排球队在泰国集训的时候。”沈光蕙说。

“那是很久以前的事了！”朱迪之说，“我记得那天晚上你说要去跟老文康睡，我们三个人还一起干杯，说是为一个处女饯行。多么荒谬？”

“是的，太荒谬了！”沈光蕙说。

“幸好，你最后也没有。”我说。

“这是我一辈子最庆幸的事。”沈光蕙说，“像他这么坏的人，为什么还没有死掉呢？”

“你真的想他死吗？”我说。

“我太想了！那时候，我们再来干杯。”她说。

“他都那么老了！快了！”朱迪之说。

她又说：“我昨天和陈祺正看电影时见到了卫安。”

卫安是她第四个男朋友，是一名电影特技员。跟朱迪之一起的时候，他已经有女朋友了。

“他在那部电影里演一个给男主角打得落花流水的变态色魔。他太像那种人了，一定是看到本人才想出这个角色的！他一直都梦想成为主角，这么多年了，他却仍然是个小角色。我希望他这一辈子都那么潦倒。”

她似乎怀着这个好梦便可以睡一觉香甜的。

被窝已经变暖了。她们两个人，一个希望自己曾经喜欢的人快点死掉，一个希望自己爱过的人潦倒一生。这些都是由衷之言吗？曾经抱着深深的爱去爱一个人，后来又抱着深深的恨。如果已经忘记，又怎会在乎他的生死和际遇？

她们已经熟睡了。朱迪之的脚从被窝下面露了出来，那双袜子的记忆犹在，那是林方文去年冬天留下来的，那天很冷。她们睡得真甜，我从前也是这样的吧？

我爬起身去刷牙。在浴室的镜子里看到嘴里含着牙膏泡沫的自己时，我忽然软弱了。在昏黄的灯下，在那面光亮的镜子里，我看到的只是一片湿润的模糊。林方文是不会再找我的吧？他不找我也是好的，那样我再不会心软。我不希望他死，也不愿意看见他潦倒。他在我心中，思念常驻。

第三章丨风中回转的木马

从来没有想过，我会再遇到韩星宇，而且是在一座灯如流水的回转木马上面。

一个法国马戏团来香港表演。表演在一个临时搭建的帐篷里进行。在帐篷外面的空地上，工作人员架起了一座流动式的回转木马，让观众在开场之前和中场休息的时候，可以重温这个童稚的游戏。

正式演出前的一天，我以记者的身份访问了马戏团里一名神鞭手。别人对于马戏团的兴趣，往往是空中飞人。然而，不知道为什么，我却喜欢采访神鞭手。鞭子绝技，是既严肃而又滑稽的一种表演和执著。现在是手枪的年代了；可是，仍然有人用一根鞭子行走天涯，那是多么的奇异？

只有二十三岁的神鞭手是个长得俊俏的大块头，他的体重是我的一倍半。神鞭手必须有这种重量，才可以舞动那根长鞭。他的鞭子很厉害，既轻柔得可以打断一张白纸，也可以灵巧地把地上一个篮球卷到空中投篮。那根鞭子是手的延伸，一切遥不可及的东西，都变成可能了。这也是一种魔法吧？有了鞭子，便好像所向披靡，没有什么是不可以卷到怀里的；爱可以，所有想要得到的东西也可以。在马戏团里生活的人，是停留在童稚世界里的，永不苍老。可惜，他们不会收容我，我没有任何的绝技。

大块头把他那一根鞭子借给我，我试着挥动了几下，怎样也无法让鞭子离开地上。看似容易的技术，半点不容易，我的手臂也酸软了。如果朱迪之在那里，她一定会说："让我来！让我来！太好玩了！太有性虐待的意味了！"

访问进行的时候，那座回转木马刚刚搭好。由于是白天，我还看不到它的美丽。神鞭手问我："你会来玩吗？"

"会的。"我回答说。

那天夜里，当所有观众都坐在帐篷里看表演时，我踏上那座回转木马，寻觅幼稚的幸福。玩回转木马，还是应该在晚上的，那样它才能够与夜空辉映。没有月亮的晚上，它是掉落凡尘的月光。

我知道我为什么喜欢回转木马了。人在上面，在一匹飞马上，或者是一辆马车里，不断地旋转，眼前的景物交会而过，一幕一幕地消逝而去，又一再重现。流动的，是外间的一切，而不是自己，光阴也因此停留了片刻，人不用长大。不用长大，也就没有离别的痛苦。

当我在木马上回首，我看见了韩星宇。他坐在一匹独角兽上，风太大了，把他身上所有的东西都吹向后面；头发在脑后飞扬，外衣的领子也吹反了。我升高的时候，他降下了；我降下来时，他刚巧又升高了。音乐在风中流转，我们微笑颔首，有一种会心的默契。

他为什么跑来这里呢？是的，他也喜欢回转木马，尤其是流动的。我们像是两个住在音乐盒里的人，不断地旋转，唤回了往昔那些美好的日子。在光阴驻留的片刻，也许是在哀悼一段消逝了的爱情。所有的失恋手册都是女人写的，难道男人是不会失恋的吗？也许，在男人的人生中，失恋是太过微不足道了。韩星宇也是这样吗？在那须臾的时光里，我觉得他也和我一样，分享着一份无奈的童真。毕竟，人还是要向前看的。回转木马也有停顿的一刻，然后，人生还是要继续。重逢和离别，还是会不停地上演。

“很久没见了。”韩星宇从回转木马上走下来跟我说。

“你也是来看马戏的吗？”我问。

他微笑指着身后面的回转木马说：“还是这个比较好玩。”

他又说：“你知道吗？我小时很害怕自己会死。”

“为什么？”

“我在书上看到一些研究资料，那些资料说，太聪明的孩子是会早夭的。”

“这是有科学根据的吗？”

“不过是一堆统计数字和一个感性的推论。”他说。

“感性的推论？”我不明白。

“太聪明的小孩子是预支了自己的智慧，所以，他也会衰朽得比较快。那堆资料害得我每天偷偷躲在被窝里哭。”他说。

“你现在不是好好地活着吗？如果可以预支一点智慧，我也想要。等到四十岁才聪明，那不是太晚了吗？”我说。

“再大一点之后，我又无时无刻不害怕自己会变成一个平凡人，再不是什么天才。”他说。

我笑了：“我可没有这种担心。小时候，我只是渴望长大。现在长大了，却又要克服身上的婴儿肥。也许，当我终于克服了婴儿肥，已经快要死了。”

他笑了起来：“没那么快吧？”

“早阵子，我在浅水湾碰见你的女朋友。”我说，“你们还在一起吗？”

“没有了。”韩星宇坦白地说。

“我看得出来。”

“是她告诉你的吗？”他问。

“没有。”我说。我们甚至没有交谈，那是一种比交谈还要深的了解和同情。

“我真的不了解女人。”韩星宇无奈地说。

“你不是神童来的吗？”我笑他。

“女人是所有天才也无法理解的动物。”他说。

“那男人又怎样？男人既是天国，也是地狱。”我说。

他忽然笑了，好像想到别的事情去。

他说：“我听人说过，唯一不能去两次的地方是天国。”

“是的。”我说，“我去了两次，结果下了地狱。”

分手之后复合，不就是去了两次天国吗？结果就被送到地狱去了。

帐篷外面有一个卖糖果的摊子。摊子上，放着七彩缤纷的软糖，我挑了满满的一袋。

“你喜欢吃甜的吗？”他问。

“从前不喜欢，现在喜欢。”我说。

“刚刚不是说要克服婴儿肥的吗？”

“所以是怀着内疚去吃的。”我说。

他突然问我：“你有兴趣加入我们的公司吗？”

“我？”

“我看过你写的东西。我们很需要人才。”他说。

“太突然了，可以让我考虑一下吗？”我说。

“好的，我等你的回音。”

中场休息的时候，观众从帐篷里走出来，那座回转木马围了许多人，变热闹了。

“你明天还会来吗？”韩星宇问。

“会的。”我说，“我明天来这里给你一个回音。”

他微笑点头，他身后那座木马在风中回转。在我对自己茫然失去信心的时候，他却给了我信心和鼓励。在目光相遇的那一刻，我找到了一份温柔的慰藉。

“对不起，我还是喜欢我现在的工作。”我骑在白色的飞马上说。

“我明白的。”韩星宇骑在旁边的独角兽上面。

木马在风中回转，隔了一夜，我们又相逢了。我们像两个活在童话世界里的人，只要脚尖碰触不到地，一切好像都不是真实的，他也好像不是真实的。在这样无边的夜里，为什么陪着我的竟然是他呢？有他在我身边，也是好的。在这流转中，思念和眷恋的重量仿佛也减轻了。看到他的笑脸，痛苦也好像变轻盈了。至少，世上还有一个男人，愿意陪我玩回转木马，愿意陪我追逐光阴驻留的片刻。

“你是不是特别喜欢独角兽？”我问。

“你怎知道的？”

“你昨天也是骑独角兽。”

“是的！它比其他马儿多出一只角，很奇怪。”

“因为你也是一个奇怪的人？”我说。

“也许是吧。”

“我有一条智力题要问你。”我说。

韩星宇笑得前翻后仰，几乎要从独角兽上面掉下来，他大概是笑我有眼不识泰山吧？

“我知道你从小到大一定回答过不少智力题；但是，这一个是不同的。”我说。

“那即管放马过来吧！”他潇洒地说。

“好吧！听着了——”我说，“什么是爱情？”

他怔忡了片刻。

木马转了一圈又一圈。

“想不到吗？”我问。

“这不算是智力题。”他说。

“谁说不是？”

“因为答案可以有很多，而且也没有标准的答案。”

“所以才需要用智力来回答。”我说，“这个算你答不到。第二题：一个人为什么可以爱两个人？”

“这也不是智力题！”他抗议。

“有一个，又有两个，都是数字呢，为什么不是智力题？”

他思索良久，也没法回答。

“你又输了！”我说，“第三题：爱里面为什么有许多伤痕？”

“这三条都不是智力题，是爱情题。”他说。

“那就回到第一题了：什么是爱情？”

他高举双手，说：“我投降了！你把答案告诉我吧！”

“如果我知道，我便不用问你。”我说，“其实，你答不到也是好的。”

“为什么这样说？”

“一个智商二百以上的人也没法回答的问题，那我也不用自卑了。”

“不要以为我什么都懂。”他说，“爱情往往否定了所有逻辑思维。即使把全世界的天才集合在一起，也找不到一个大家同意的答案。那个答案，也许是要买的。”

“可以买吗？在哪里买？”我问。

“不是用钱买，而是用自己的人生去买。”他说。

“也用快乐和痛苦去买。”我说。

“你出的智力题，是我第一次肯认输的智力题。”他说。

我笑了起来，问他：“你和你女朋友为什么会分手？是你不好吗？”

“也许是吧！她说她感觉不到我爱她。”他苦笑。

“那你呢？你真的不爱她？”

“我很关心她。”

“关心不是爱。你有没有每天想念她？你有没有害怕她会离开你，就像你小时候害怕自己会死？”

他想了想，说：“没有的。”

“那只是喜欢，那还不是爱。”

男人都是这样的吗？他们竟然分不出爱和喜欢。对于感情，他们从来都没有女人那么精致，也没有丰富的细节和质感。我们在一生里努力去界定喜欢和爱。我们在两者之中，会毫不犹豫地去选择爱。我们不稀罕喜欢，也不肯只是喜欢。然而，男人却粗糙地把喜欢和爱同等看待。他们可以和自己喜欢的女人睡，睡多了，就变成爱。女人却需要有爱的感觉才可以跟那个男人睡。韩星宇的女朋友感觉到的，只是喜欢，而不是爱，所以，她才会伤心，才会离开。

“喜欢和爱，又有什么分别？”韩星宇问。

“这一条算不算是智力题？”我问他。

“在你的逻辑里，应该算是的了。”他说。

对女人来说，这个问题太容易回答了。

我说：“喜欢一个人，是不会有痛苦的。爱一个人，才会有绵长的痛苦。可是，他给我的快乐，也是世上最大的快乐。”

“嗯，我明白了。”他谦虚地说。

反倒是我不好意思起来了。我说得那样通透，我又何尝了解爱情？

“你不要这样说吧，我远远比不上你聪明。”我说。

“你很聪明，只是我们聪明的事情不一样。”

“你挺会安慰别人。”

“我小时候常常是这样安慰我爸爸妈妈的，他们觉得自己没法了解我。”韩星宇说。

“你这是取笑我吗？”

“我怎敢取笑你？你出的问题，我也不懂回答。”

“最后一条智力题——”我说。

“又来了？你的问题不好回答。”他说。

“这一条一点儿也不难。”我说，“我们会不会是在做梦？这是一个做梦的星球。我们以为自己醒着，其实一切都是梦。”

“有谁知道现在的一切，是梦还是真实的呢？如果这是个做梦的星球，那么，说不定天际有另一个星球，住在上面的人却是醒着的，而他们也以为自己在做梦。你想住在哪个星球？”

“最好是两边走吧？快乐的时候，在那个醒着的星球上面。悲伤的时候，便走去做梦的那个星球。一觉醒来，原来一切都是梦。”我说。

“你明天还会来吗？”他问我。

“明天？”

他点了点头，微笑望着我。微笑里，带着羞涩的神情。

“会的。”我回答。

“我们现在是在哪个星球上面？”他问。

“醒着的那个。”我说。

骑在独角兽上面的他，笑得很灿烂。时光流转间，我有了片刻幸福的感觉。如果这是一次感情的邀约，我便允诺了一个开始。我从来没有怀疑过林方文对我的爱；可是，他却一再背叛我，一再努力地告诉我，爱情是不需要专一的。我曾经拒绝理解这一点；然而，这一刻，我很想知道，爱上两个人的感觉是怎样的？如果我做得到，我便不再是一个不合时宜的人了，我也能够了解他。一个人为什么不可以爱两个人呢？我仍然深深地爱着他，我也能够爱着别人。请让我相信，人的心里，可以放得下两份爱情、两份思念、两份痛苦和快乐。忠诚，是对爱情的背叛。

我知道林方文会再来的，这是恋人的感觉，虽然这种感觉也许会随着时间流逝而变得愈来愈微弱。

离开报馆的时候，已经是半夜了。林方文和他的深蓝色小轿车在报馆外面等我。他从来不会放弃我，是我放弃他。认识了他，我才知道，放弃原来是因为在乎。太在乎他了，在乎得自己都没法承受，那只好放弃，不让他再伤害我。

“上车吧！”他说。

“不要！”我说。

“上车吧！”他拉着我的手。

我很想甩开他，我很想说：“放手！”可是，我太累，也太想念他了。

车厢里，我们默默无语。这算什么呢？想我回去的话，起码，他要告诉我，他已经离开了葛米儿。他却什么也不说。我坐在这辆我熟悉的车子上，一切如旧。这里有过我们的欢笑；可是，曾经有过的裂痕，是无法修补的吧？

“累吗？”他问我。

“你是说哪一方面？”我望着窗外，没有望他。

他沉默了。

我的手提电话响起，是韩星宇打来的。

“还没下班吗？”他在电话那一头问我。

“已经下班了。”我说，“现在在车上。”

“累吗？”他温柔地问我。

他竟然也是问同一个问题，我给他的答案却是不一样的。

“很累，我明天给你电话好吗？”我说。

“那好吧。”他说。

一阵沉默之后，林方文问我：“是谁打来的？”

我没有回答他，他也没有权利知道。

车子在寂静的公路上飞驰，朝着我家的方向驶去。到了之后又怎样呢？要让他上去吗？让他上去的话，我不敢保证我能够再把他赶走。可是，他不上去的话，我会失望吗？谁来决定去留？

我按下了车上那部唱机的开关，传出来的竟然是葛米儿的歌声。林方文连忙把唱机关掉。

已经太迟了吧?

他在车上听的，是葛米儿的歌。葛米儿也常常坐在这辆车子上吧？他根本没有离开她。

“不是故意的。”他解释。

既然来接我，却不拿走葛米儿的唱片，这不是太过分吗?

我到了。我不会让他上去。我从车上走下来，没有跟他说再见，没有回望他一眼，奔跑着回家。他没有追上来。对于自己的疏忽，他是应该感到羞愧的，怎么还有勇气追上来?

本来要心软了，却心血来潮按下唱机的开关，结果像掷骰子一样，那首歌决定了我的去留。我死心，却又不甘心。他明明是属于我的，为什么会多了一个人？也许，他根本从来没有属于我，是我一相情愿罢了。

按下唱机的开关，也是由于恋人的感觉吧？我多么害怕这种常常灵验的感觉?

我脱下了身上的衣服，光着身子爬进被窝里，也把电话机拉进被窝里。

“你还在公司里吗？”我问韩星宇。

他在电话那一头说：“是的。你已经回家了吗？”

“嗯，你也不要太晚了。”我说。

“已经习惯了。”

他又问我：“为什么你的声音好像来自一个密封的地方？”

“我在被窝里，这里漆黑一片。”

“为什么躲在被窝里？”

“这儿是我的堡垒。”我说。

心情极度沮丧的时候，我便会这样。不洗脸，也不刷牙，一丝不挂地爬进被窝里哭泣。半夜里醒来的时候，心情会好多了。这是我自己发明的被窝治疗。

“是不是有什么不开心的事？”他问。

“不，只是今天太累了。”

“被窝里的空气是不流通的。”他说。

“放心吧！我会把头伸出去吸气。”我吸了一口气，又缩进被窝里。

我说：“我小时候很怕黑的，现在不怕了。你呢？你怕黑吗？”

他笑了：“不是告诉过你吗？我那时不怕黑，我怕死。”

我不知道怕死的感觉是怎样的，是不是就像害怕离别？我们曾经害怕的事情，到了后来，我们也许不再害怕了，也没得害怕。

“智力题——”我说。

“又来了？”

“很容易的。你喜欢我吗？”

“嗯。”他重重地回答。

他的那一声“嗯”，好像长出了翅膀，飞过了黑夜，翩然降临在我的肩膀上。

第二天，韩星宇告诉我，我昨天晚上在电话里说着说着，然后不再说话了。后来，他更听到我的梦呓，想是因为太累而睡着了。那到底是我的梦呓还是哭声？我也忘记了。

“你今天几点钟下班？”林方文在电话那一头问我。

“你找我有事吗？”

“我来接你好吗？”

“我们还有需要见面吗？”

“我有话要跟你说。”他坚持。

我沉默了良久，终于说：“九点钟吧。”

为什么还要见他呢？想听到什么话？想得到一个什么答案？是不甘心把他让给葛米儿吗？我明白了，既然他可以爱两个人，我为什么不可以？我不是已经打算这样去了解他的吗？我会回去，然而，从今以后，我不会再那么笨了。我的心里，也会同时放着另一个男人。这个游戏，我也可以玩。

在林方文来接我之前，那个掷骰子的游戏竟然重现了一次。忙了一整天，终于有时间翻开当天的报纸，娱乐版上，斗大的标题写着：《我爱他》，旁边是葛米儿的照片。她被记者问到她和林方文的恋情，她当着所有人面前，笑得很灿烂地说：“我爱他！”

每一份报纸的娱乐版都把这段爱的宣言登出来了。她是这样率真和坦白，她公开地用爱认领了她的莱纳斯。

她爱他，那我呢？似乎我已经被剥夺了爱他的资格。我的尊严和我最后的希望也同时被他们剥夺了。

从报馆出来的时候，林方文靠在他那辆小轿车旁边等我。

“你吃了饭没有，要不要找个地方吃饭？”他说。

“你要跟我说的，就是今天报纸上的事情吗？”我问。

他沉默了。

“还是她比较适合你，你现在不是比以往任何时候更好吗？”我哽咽着说。

“对不起——”他说。

“你不用道歉。一个病人用不着为他的病而向别人道歉。你是有病的，你没法对一个女人忠诚。”

我久久地望着他，原来，我没法像他，我没法爱两个人。

"我们找个地方坐下来再说好吗？"他说。

"好的，我来开车。"我摊开手掌，向他要车匙。

他犹豫了。

"给我车匙，我想开车。"我说。

他终于把车匙放在我手里。接过了车匙，我跳上停在路旁的一辆计程车上，关上门，跟司机说："请快点开车。"

林方文呆站在那里，眼巴巴地看着计程车离开。我从来没有这样对他，我一向对他太仁慈了，我现在只想报复。

车子驶上了公路。风很大，他怎样回家呢？

"请你回去我刚才上车的地方。"我跟司机说。

"回去？"司机问。

"是的。"

车子终于驶回去了，林方文仍然站在那里。看见了车上的我，他脸上流露着喜悦和希望。我调低车窗，把手上的车匙掷给他。他接不住，车匙掉在地上，他弯腰去拾起它。

"请你开车。"我跟司机说。

林方文站起来，遥遥望着我。车外的景物，顷刻之间变模糊了，往事一幕一幕地消逝。车子从他身边驶过的时候，我仿佛也看见他脸上的无奈。我以为我可以学习去爱两个人，也可以和别人去分享一个人，原来我做不到。如果不是全部，我宁愿不要。

当他拾起地上的车匙的那一刻，他会发现，那里总共有两把钥匙。另外的一把，是他家里的钥匙，那是我一直放在身边的。上一次，他不肯把它收回去；这一次，他没法再退回来给我了。

世上是没有完美的爱的吧？

黄昏的咖啡室里，朱迪之告诉我，她也有了第三者，对方是律师行的同事孟传因。她一直背着陈祺正和孟传因交往。

“为什么现在才告诉我？”我惊讶地问。

“因为你是我最好的朋友，我反而不知道怎么开口。我不知道怎么面对自己的好朋友，我对你说过我很爱陈祺正的，我没想到自己还可以爱上别人，我太坏了！”她的眼睛红了。

“你已经不爱陈祺正了吗？”

“不，我仍然很爱他。”

“那你为什么还可以爱别人？”我不明白。

“原来一个人真的可以爱两个人的。”她说。

“你和林方文是一样的。”我生气地说。

“是的，我能够理解他。”

“为什么可以爱两个人？”

“也许是为了追寻刺激吧！”

“我认为是爱一个人爱得不够。”我说。

她说：“世上根本没有完美的人，一个人不可能完全满足另一个人。人是有很多方面的。”

“你的心里，放得下两份爱和思念？”

“放得下的。”

“你不怕陈祺正知道吗？”

“当然不能够让他知道。”

“那为什么还要这样做？”

她笑了：“也许我想被两个男人疼爱吧。”

“如果一定要选择一个，你会选哪一个？”

她任性地说：“我不要选！我希望那一天永远不要降临！”

这也是林方文的心声吧？原来他们是没法选择其中一个的，他们只会逃避。

“和你们相比，我真的太落伍了。”我说。

“只是你没有遇上罢了！”她说，“一旦遇上了，也不是你可以选择的。”

“孟传因知道你有男朋友吗？”我问。

“嗯。他们见过面。”

“那他为什么又愿意？”

“程韵，”她语重心长地说，“最高尚的爱不是独占，你的占有欲太强了。”

“倒好像是我错了！”我不甘心地说，“希望对方专一，这也是占有欲吗？你是说这样的爱不够高尚；出卖别人，才是高尚的？”

“也许我不应该用‘高尚’两个字来形容，可是，能够和别人分享的那个，也许是爱得比较深的。”

“你和林方文真的应该组织一个‘背叛之友会’，你们才是最懂得爱的人！”我说。

“算了！我不跟你争论！”她低下头喝咖啡。

我在生她的气吗？也许，我是在生自己的气。我讨厌自己的占有欲，我讨厌自己太死心眼了。太死心眼的人，是不会幸福的。

她沉默了很久，终于说：“我每天也被自己的内疚折磨。”

“那为什么还要继续？”

“因为没有办法放弃，唯有怀着内疚去爱。”她苦笑。

怀着内疚的爱，是怎样的一种爱？但愿我能够明白。

“你和韩星宇怎样了？”她问。

然后，她又说：“快点爱上一个人吧！爱上别人，便可以忘记林方文。新欢，是对旧爱最大的报复，也是最好的治疗。”

可是，我没办法那么快便爱上一个人。

“韩星宇比林方文好得多呢！”她说。

“你竟然出卖林方文？你们是‘背叛之友会’的同志呀！”我说。

她摇了摇头，说：“想你快点找到幸福，就是怕了再嗅到这种失恋女人的苦涩味。”

我嗅嗅自己的手指头，说：“真的有这种味道吗？”

她重重地点头，说：“是孤独、带点酸气、容易动怒，而又苦涩的味道，也许是太久没有被男人抱过了。”

她依然脱不了本色。

“所以，还是快点找个男人抱你吧！抱了再说。”她说。

她说得太轻松了。要让一个人抱，是不容易的，那得首先爱上他。要爱上一个人，更不容易。

很晚下班的韩星宇，也顺道来接我下班。

再见到他，我有点儿尴尬。那天晚上，我为什么会问他喜不喜欢我呢？是因为身体疲乏不堪以致心灵软弱，还是想向林方文报复？

他伸手到车厢后面拿了一盒东西放在我怀里，说：“要吃吗？”

“什么来的？”

“是甜的，你可以怀着内疚去吃。”他说。

我打开盒子看看，里面放着几个小巧的蛋糕，应该是蛋糕来的吧？它的外形有点像埃及妖后的头，中间凹了进去，外面有坑纹。我从来没吃过这种蛋糕。金黄色的外皮，有如橡皮糖，里面却柔软香甜，散发着肉桂和白兰地的香味。

“好吃吗？”韩星宇问。

“太好吃了！这是什么蛋糕？”

“Cannelé。”他说，“一般要在法国的波尔多区才可以吃到。”

“那你是在哪里买的？”

“秘密！”他俏皮地说。

后来，我知道，这种法国著名酿酒区的甜点是在崇光百货地下的面包店里买的，只有那个地方才有。韩星宇常常买给我吃，他自己也喜欢吃。忽然爱上甜点，是因为悲伤，也是想放弃自己的身体，吃到了他买的Cannelé以后，我不再吃别的甜点了。没有一种甜的回忆，比得上这个古怪的东西。

“跟莫教授太太做的巧克力曲奇怎么比？”我问。

“回忆是没得比较的。回忆里的味道，是无法重寻的。”韩星宇说。

他说的对。林方文有什么好处呢？我为什么没法忘记他？原来，他是我回忆的全部。或许有人比他好，他却是我唯一的初恋，是余生也无法重寻的。

“那天晚上，你真的听到我的梦呓吗？”我问。

“嗯。”

“我说了些什么？”

“你说：‘智力题……智力题……智力题’。”他笑着说。

“胡说！如果是梦呓，哪有听得这么清楚的？我还有没有说了什么秘密出来？”

“不可告人的？”他问。

“嗯。”我点点头。

“不可告人的，好像没有。”

“真的没有？”

“没有。”他微笑摇了摇头。

“那就是没有了。”我说。

曾经问他喜不喜欢我，也可以当作是梦呓吗？我们似乎已经同意了，做梦时说的话，是不算数的。可是，说过的话和听到的答案，是会长留心上的吧？

“你会下围棋吗？”我问。

“我十岁的时候，已经跟我爸爸对弈了，而且赢了他，从那天开始，未逢敌手。”

“那你为什么不继续？说不定会成为棋王呢。”

“棋王太寂寞了。”

“整天对着一台电脑，不也是很寂寞吗？”

“通过电脑，可以跟许多人联系，工作时也有伙伴。然而，下棋的人，只有对手。”

“你可以教我围棋吗？”

“你想学吗？”

“世界棋王傅清流会来香港，编辑要我访问他；但是，我对围棋一窍不通。”

“他什么时候来？”

“三天之后。”

“围棋博大精深，只有三天，不可能让你明白。”

“你不是神童来的吗？”

"我是。"

"那就是啊！"

"但你不是。"他笑着说。

"哼！我又不是要跟他比赛，我明白其中的道理就够了。"

"围棋的道理很简单。"他说。

"简单？"我不禁怀疑。

"简单的东西，偏偏是充满哲理的。每个擅棋的民族，也有不同的风格。韩国人亦步亦趋，日本人计算精密，中国人大而化之。傅清流的布局，是以虚幻莫测见称的。"

"你说得像武侠小说一样，我愈来愈不懂了，怎么办？"我焦急起来。虽然说这个访问不是光谈围棋，然而，对方既然是棋王，我不认识围棋，似乎不是太好。

"你的访问是几点钟开始的？"韩星宇问。

"黄昏六点钟。"

"要不要我来帮你？"

"可以吗？"我喜出望外。

"但是，只限于围棋的部分。"

"太好了！做完访问之后，我请你吃饭。"

他笑了："想不到还有报酬呢！"

"我不会白白要你做事的。"我说。

"我也不会白吃。"他说。

"当然不能让你白吃！"我打趣说。

"认识你真好。"我说，"所有我不懂的，都可以问你。"

"我并不是什么都懂的，只是刚巧会下围棋罢了。"

"我连象棋也不会。"我说。

他瞪大眼睛说：“不可能吧？”

我尴尬地说：“我不喜欢下棋，这有什么奇怪？”

“那你有什么长处？”他问。

“我的长处就是知道自己没有长处。”

“这倒是一个很大的长处。”

“就是了。”我说。

“我对下棋的兴趣也不大。”他说。

“为什么？”

“我不喜欢只有赢和输的游戏。我喜欢过程，譬如数学吧，最美妙的不是答案，而是寻找答案的那个过程。”

“那你一定喜欢玩‘大富翁’了。”

“也不喜欢，那个过程太沉闷了。”

“‘大富翁’最好玩的地方不是买地和建房子，而是可以抽一张‘命运’或‘机会’的卡片。”

“你是一名赌徒。”他说。

“是的。”我说。

自小喜欢玩什么游戏，也可以反映一个人的性格吧？这一刻，我才恍然明白，原来我一直也是赌徒。我把一切投注在一个人身上，输得一败涂地。所有的长相厮守，也是因为遇不到第三者吧？我输了，是我的运气不好。

年近四十的傅清流，长得高瘦清癯，拥有一双深邃的眼睛。我看了关于他的资料。称霸棋坛的他，却有一段失败的婚姻。妻子因为忍受不了他的世界只有围棋，五年前，在他到日本参加比赛的前夕离家出走了。韩星宇说得对，棋王是寂寞的，他们的女人也寂寞。

傅清流很喜欢韩星宇，他们滔滔不绝地大谈棋艺，我变成一个局外人，仿佛是旁观两位武林高手论剑。

“我们来下一盘棋吧！”傅清流跟韩星宇说。看来他技痒了。

“好的！”韩星宇也兴致勃勃。

神童对棋王，将会是什么局面呢？

他们对弈的时候，我更是局外人了。

最后，韩星宇说：“我输了！”

他是怎么输的呢？我不明白。

“你已经很好了！”傅清流对他说。

韩星宇变得有点垂头丧气。

离开了傅清流住的酒店，我问韩星宇：“你要吃些什么，随便说吧！”

“改天再吃好吗？我今天有点事要办。”他说。

不是说不喜欢只有赢和输的游戏的吗？输了却又那么沮丧。虽然对方是傅清流，但是，失败的滋味并不好受。他下棋从未输过，不是为了帮我做访问，便不会尝到失败的滋味了，都是我不好。

那天分手之后，再没有了他的消息。他是不是怪我呢？见不到他的时候，心里竟然有点思念他，害怕从此以后再见不到他了，这是多么难以解释的感情？也许，我并不了解他，他和我距离太远了，只是我一相情愿罢了。一切的一切，只不过是一个失恋女人太渴求爱情，爱情却是遥不可及的。

“你还欠我一顿饭。”韩星宇在电话那一头，愉悦地说。

还以为他永远不会再出现了。

在餐厅见面的时候，他的头发有点乱，胡子也没有刮。难道是躲起来哭过？他还没开口，我便连忙安慰他："输给傅清流，虽败犹荣。"

"他已经让了我很多步。"韩星宇说。

"他的年纪比你大那么多，即使打成平手，也不算赢，输了也不算输。"

他笑了："你以为我不能接受失败吗？"

"你那天为什么闷闷不乐？"

"我在想我哪一步棋走错了。我终于想通了！"他说。

"真的？"

"输给傅清流，绝对不会惭愧。但是，我起码应该知道自己为什么输，而且要从那局棋去了解他。他真的是虚幻莫测。"

"你躲起来就是想这件事？"

"你以为是什么？"

"哦，没什么。"我想错了。

"几天没有好好吃过东西了。"他开怀大嚼。

那一刻，我忽然发觉，韩星宇跟林方文很相似。他们两个都是奇怪的人，孤独而又感性。有人说，一个人一生寻觅的，都是同一类人，我也是这种人吗？还是，我是被这类人爱上的人？

"你想不想去玩回转木马？"韩星宇问。

"这么晚了，游乐场还没有关门吗？"

"我知道还有一个地方。"他说。

我们离开了餐厅，驱车前往他说的那个地方。

车子驶上了半山一条宁静的小路。小路两旁排列着一幢幢素净的平房和星星点点的矮树。路的尽头，是一座粉白的平房。房子外面，竖着一支古老的灯。这条小路的形状就像一把钥匙。我们停车的地方，便是钥匙圈。

“回转木马在哪里？”我问。

“这里就是了。”他说。

韩星宇拉开车篷，就像打开了天幕，眼前的世界一瞬间变辽阔了。白晃晃的圆月挂在天空，抬眼是漫天的星星，我们好像坐在一辆马车上。从唱机流转出来的，是莫扎特的《快乐颂》，跟我们那天在回转木马上听到的，是一样的歌。韩星宇坐在驾驶座上，亮起了所有的灯，车子在钥匙圈里打转，时而向前，时而倒退，代替了木马的高和低。

“我常常一个人来这里玩回转木马的。”他说。

“这是你的独角兽吗？”我指着他双手握着的方向盘。

“是的。”他快乐地说。

我骑在飞马上，抬头望着天空，问他：“音乐会停吗？”

“永不。”他说。

“永不？”

“嗯。”他驶前了，又倒退。

“有永远不会停的音乐的吗？”

“在心中便不会停。”

“汽油会用完吗？”

“今晚不会。”

“这样子不停地打转，我们会晕过去吗？”

他凝望着我，说：“永不。”

我忍不住伸手摸了摸那双向我辉映着的眼睛，他捉住了我的手。月亮、星星、路灯和房子在回转，甜美的生命也在回转。我凝视着他那孩子气的眼波，这个小时候每天晚上躲在被窝里饮泣，害怕自己会死去的小男孩，有没有想过长大之后会遇到一个来访问他的女记者？然后，爱情召唤了他们，在她最悲伤的时候，他在她心里亮起了希望的灯。

我掉进昏昏夜色之中，眼睛花花的。“永不，永不……”我听到的，是梦呓还是真实的？我们是在做梦的星球吗？直到我醒来，发觉他在我床上，我赤身露体，被他搂抱着，呼吸着他的气息，我才发现，我们是在醒着的星球。有生以来，我第一次意识到爱和忘记能够同时降临。那段日子，竟然有一天，我忘记了林方文。

第四章｜最蓝的一片天空

我抱着刚刚买的几本书，挤在一群不相识的人中间避雨。马路上的车子堵在一起，寸步难移，看来韩星宇要迟到了。

那个初夏的第一场雨，密密绵绵，间中还打雷，灰沉沉的天空好像快要掉到地上。一个黑影窜进来，顷刻间变成了一个人。那个人站在我身旁，怔怔地望着我。我回过头去，看见了林方文。

我望了望他，他也望了望我。一阵沉默之后，他首先说：

“买书吗？”

“哦，是的。”我回答。

他看着我怀里，问：“是什么书？”

我突然忘记了自己买的是什么书。

他站在那里，等不到答案，有点儿尴尬，大概是以为我不想告诉他。

我从怀中那个绿色的纸袋里拿出我买的书给他看。

“就是这几本。”我说。

“哦——”他接过我手上的书，仔细看了一会儿。

我忘记了自己买的书，也许是因为记起了另外的事情。眼前的这一场雷雨，不是似曾相识吗？两年前，我们站在一株老榕树下面避雨，我问他，一九九七年六月三十日，我们会不会在一起，没想到两年后已经有答案了。千禧年的除夕，我们也不会一起了。为什么要跟他再见呢？再见到他，往事又一一地重演如昨。

猛地回头，我才发现我们避雨的银行外面，贴满了葛米儿的演唱会海报。这样的重逢，是谁的安排？

我看到那些海报的时候，林方文也看到了。在一段短暂的时光里，我们曾经以为自己将会与一个人长相厮守，后来，我们才知道，长相厮守是一个多么遥不可及的幻想？

我望着车子来的方向，韩星宇什么时候会来呢？我既想他来，也怕他来。

“你在等人吗？”林方文问。

我点了点头。

良久的沉默过去之后，他终于说：

“天很灰。”

“是的。”

他抬头望着灰色的天空，说：

“不知道哪里的天空最蓝？”

我看到了韩星宇的车子。

“我的朋友来了。”我跟林方文说。

“哦，还给你。”他匆匆把书还给我。

我爬上韩星宇的车子，身上沾满了雨粉。

“等了很久吗？”韩星宇握着我的手。

“不是的。”我说。

车子缓缓地离去，我在反光镜中看到林方文变得愈来愈小了。他那张在雨中依依的脸庞，也愈来愈模糊。我的心中，流转着他那年除夕送给我的歌。

要是有一天，你离场远去

发丝一扬，便足以抛却昨日，明日
只脸庞在雨中的水泽依依；我犹在等待的
告诉我，到天地终场的时候
于一片新成的水泽，你也在等待
而那将是另外一次雨天，雨不沾衣
甚至所有的弦弦雨雨，均已忘却

为什么他好像早已经料到这一场重逢和离别，也料到了这一个雨天？

“刚才那个人是你的朋友吗？”韩星宇问我。

“是我以前的男朋友。”我说。

他微笑着，没有答话。

“哪里的天空最蓝？”我问。

“西藏的天空最蓝，那里离天最近。”他说。

“是吗？”

“嗯。十岁那年的暑假，我跟爸爸妈妈一起去西藏旅行，那个天空真蓝！不知道是因为孩子看的天空特别蓝，还是西藏的天空真的很蓝。有机会的话，和你再去看一次那里的天空。”他说。

“嗯。”我点了点头。

哪里的天空最蓝？每个时候，每种心情，每一个人看到的，也许都会不同吧？葛米儿也许会说南太平洋的天空最蓝，南极的企鹅会说是雪地上的天空最蓝，鲸鱼会说海里的天空最蓝。长颈鹿是地上最高的动物，离天最近，它看到的天空都是一样的蓝吧？

那林方文看到的呢？我看到的呢？

我靠着韩星宇的肩膀说：

“你头顶的天空最蓝。”

他笑了，伸手摸了摸我的脸。他的手最暖。

反光镜里，是不是已经失掉了林方文的踪影？我没有再回望了。我已经找到了最蓝的一片天空，那里离我最近。

“葛米儿哭了！”

报纸娱乐版上有这样的一条标题。

葛米儿在她第一个演唱会上哭了。那个时候，她正唱着一首名叫《花开的方向》的歌，唱到中途，她哭了，满脸都是泪。

是被热情的歌迷感动了吧？

是为了自己的成功而哭吧？

我曾经避开去看所有关于她的消息。我不恨她，但是也不可能喜欢她。然而，渐渐地，我没有再刻意地避开了，她已经变成一个很遥远的人，再不能勾起我任何痛苦的回忆了。看到她的照片和偶然听到她的歌的时候，只会觉得这是个曾经与我相识的人。我唯一还对她感到好奇的，是她屁股上是不是有一个能够留住男人的刺青。如果有的话，那是什么图案，是飞鸟还是游鱼？

在报馆的洗手间里低下头洗脸的时候，我看到一只纹了莱纳斯的脚踝走进来，站在我旁边。我抬起头来，在镜子里看到葛米儿。她化了很浓的妆，头发染成鲜艳的粉红色，身上也穿着一条毛茸茸的粉红色裙子。

她看见了我，脸上露出微笑，说：“刚才就想过会不会在这里碰到你。”

看到我脸上的错愕，她解释说：

“我来这里的影棚拍照。”

“哦——”

我用毛巾把脸上的水珠抹干。

“你恨我吗？”她突然说。

我摇了摇头。

“我们还可以做朋友吗？”她天真地问。

“曾经爱过同一个男人的话，是不可能的吧？”我说。

“听说你已经有男朋友了。”

“是的。”我微笑着说。

沉默了一阵之后，她说：

“林方文还是很爱你的。”

他为了她而背叛我，而她竟然跟我说这种话，这不是很讽刺吗？我没有表示任何的意见。

她眼里闪着一颗泪珠，说：

“每次唱到那首《花开的方向》的时候，我就知道他最爱的人不是我。”

我怔忡了片刻。为什么她要告诉我呢？我本来已经可以忘记林方文的了。

“我可以抱你一下吗？”她说。

“为什么？”我惊讶地问。

“我想抱他抱过的人。”她说。

我在她眼里看得见那是一个善意的请求。

我没有想过要去抱林方文抱过的女人，也没有想过要被他抱过的女人抱。可是，那一刻，我好像也无法拒绝那样一个卑微的恳求。

最后，一团粉红色的东西不由分说地向我扑来，我被迫接住了。

“谢谢你让我抱。”她说。

那颗眼泪终于掉下来了。她是一只粉红色的傻豹，一只深深地爱上了人类的、可怜的傻豹。

我把葛米儿的唱片放在唱盘上。

听说林方文最爱的是我，我心里有片刻胜利的感觉。然而，胜利的感觉很快被愤怒抵消了。在我已经爱上别人的时候才来说这种话，不是很自私吗？何况，我太知道了，他从来分不清自己的真话和谎言。

我不是说过不会再被他感动的吗？可是，那首《花开的方向》是这样唱的：

当我懂得珍惜，你已经远离
我不感空虚
因为空虚的土壤上将填满忏悔，如果忏悔
还会萌芽茁长
且开出花来
那么，花开的方向
一定是你离去的方向

忽然之间，所有悲伤都涌上了眼睛。那天在雨中重逢，他不是一直都望着我离去的方向吗？当我消失了，他又是否向着我离去的方向忏悔？可惜，他的忏悔来得太晚了，我的心里，已经有了另一片蓝色的天空。那片天空，长不出忏悔的花。

“是你吗？”他说。

在电话那一头听到我的声音时，林方文显得很雀跃。

“我听了那首《花开的方向》。”我说。

他没有做声。

“我一点儿也不觉得感动。”我冷冷地说。

他也许没有想到我会那么冷漠，电话那一头的他，没有说话。

“向我忏悔的歌，为什么由葛米儿唱出来！”我哽咽着骂他。

我们在电话筒里沉默相对，如果不是仍然听得见他的呼吸声，我会以为他已经不在了。

“根本你就享受自己的忏悔和内疚，并且把这些忏悔和内疚变成商品来赚钱。这首歌替你赚到不少钱吧？”我说。

“你以为是这样吗？”他终于说话了。

“不管怎样。如果你真的忏悔的话，请你让我过一些平静的日子，我已经爱上别人了。”

“就是那天来接你的那个人吗？”

“是的。”

他可悲地沉默着。

“我已经忘记你了。”我说。

最后，我挂断了电话。

听完那首歌之后，我本来可以什么也不做，为什么我要打一通电话去骂他呢？是要断绝自己的思念吗？当我说“我已经忘记你了”的时候，孩提的日子忽而在我心里回荡。童年时，我会躺在床上，合上眼睛，假装自己已经睡着了，并且跟爸爸妈妈说："我已经睡着了啊！"以为这样便能骗倒别人。二十年后，我竟然重复着这个自欺欺人的谎言。我唯一没有撒谎的，是我的确爱上了别人。如果不是这样，我早已经毫不犹豫地奔向那离别的花。

"躺在地上看的天空特别蓝。"韩星宇说。

我们躺在他家的地板上看天空。这幢位于半山的房子有一个宽大的落地窗。晴朗的早上，躺在窗子前面，能够看到最蓝的一片天空。

"这个角度是我无意中发现的。搬来这里好一段日子了，从不知道这个天空是要躺下来看的。"他说。

天空本来是距离我们很遥远的；然而，躺着的时候，那片蔚蓝的天空仿佛就在我脚下。当我把两只脚掌贴在窗子上面，竟然好像贴住了天空。

我雀跃地告诉韩星宇：

"你看！我把脚印留在天空了！"

他也把脚贴在窗子上，说：

"没想到天空上会有我们的脚印！"

"智力题——"我说。

"放马过来！"他说。

"天空是从哪里到哪里？"

以为他会说，天空的大小，是和地上的空间相对的。以为他会说，天的尽头，是在地平线。以为他会说，天空在所有的屋顶上面，他却转过头来，微笑着说：

“从我这里到你那里，便是天空。”

“记得我说过西藏的天空最蓝吗？”他说。

“嗯。”

“也许因为那时年纪小。童年的天空，是最蓝的。”

“现在呢？”

“现在的天空最近。”

四只脚掌贴在宽大的窗户上，骤然变得很小很小，我们好像就这样飞升到天际，而且是倒挂着走路的。我们走过的地方，白云会把脚印抚平。

我躺在他身边，就这样从早晨直到黄昏，忘记了时光的流逝。落日把天空染成一片橘子红。当夕阳沉没了，天空又变成蓝色。我在书上读过许多关于蓝色的描写，可是，眼前的一片辽阔的蓝，却是无法描摹的。蓝最深处，是带点红色的。我想起我在书上看过一种鸟，名叫蓝极乐鸟。这种鸟的翅膀是蓝色的，求偶的雄鸟会倒挂在树枝上，把身上的蓝色羽毛展成一把扇，不断地抖动。那像宝石般的蓝色羽毛，是求爱的羽毛。我看到的蓝色，便是成群的蓝极乐鸟展翅同飞，滑过长空，把一大片天空染成缠绵流丽的蓝，那是爱的长空。

“我以前的男朋友好像仍然挂念着我。”我告诉韩星宇。

“你呢？你是不是仍然挂念着他？”

“如果我说是，你会不会生气？”

“也许会的。”

“是的，我仍然挂念着他。你生气吗？”

“有一点点。”他老实地回答。

“初恋总是难忘的，正如你童年的天空。”

“我明白的。”

“你真的生气？”我问。

他摇了摇头，说：“我知道，至少在今天，你没有挂念他。”

不单单是今天，跟韩星宇一起的许多天，我都忘记了林方文。一个人静下来的时候，才又会被思念苦苦地折磨。

“如果不是你，我也许没有勇气不回去。”

“我是障碍吗？”

“不。你让我看到了另一片天空，更辽阔的天空。”我说。

“肚子饿吗？”他问，“我们已经躺在这里很久了。”

“很饿呢。”我说。

“冰箱里有Cannelé，冰了的Cannelé更好吃。”

“我不吃。”

“那你想吃什么？”

我趴到他的胸膛上，说：“我要吃掉你！”

“我还没有拿去冰镇。”他说。

“我就是要吃暖的！”

长天在我背后，温柔了整个夜室。我在他心里，找到了最蓝的天空。我俯吻着他湿润的头发，他嗷嗷地吮吸我的乳房，一瞬之间，我忽然明白了，万物有时，离别有时，相爱有时。花开花落，有自己的时钟；鸟兽虫鱼，也有感应时间的功能。怀抱有时，惜别有时，如果永远不肯忘记过去，如果一直都恋恋不舍，那是永远看不见晴空的。回去林方文的身边，不过是把大限延迟一点；延迟一点，也还是要完的。难道，在我短暂的生命里，还要守候着一段千疮百孔的爱情吗？

我躺在韩星宇的身体下面，看到了爱的长空。我怎么能够否定这种爱呢？思念，不过是习惯。直到夜深，当我在他身畔悠悠醒来，他仍然握着我的手，深深地熟睡了。为什么天好像不会黑的？成群的蓝极乐鸟忘记了回家，留下了无法稀释的蓝，缠绵如旧。

当我醒过来，已经是天亮了。蓝极乐鸟回家了，飞过之处，留下了一片淡淡的蓝，荡进清晨的房子里。

韩星宇张开眼睛，说："我们竟然躺了这么久。"

"昨天晚上，你睡着的时候，天空还是蓝色的。"我说。

"是吗？"他悠然问我。

那是我见过的，最蓝的天空；是我心里的天空。

"我很爱他！"

娱乐版上，我看到了这样的一条标题。以为又是葛米儿的爱的宣言；然而，照片里的她，却哭得眼睛和鼻子皱在一起，只剩下一张大嘴巴。她向记者承认，她和林方文分手了。她没有说为什么，只是楚楚可怜地说，她仍然爱着他。

记者问："你还会找他写歌词吗？"

葛米儿说："我们仍然是好朋友。"

这是林方文要向我传达的信息吗？

可惜，我已经不是那个永远守候的人了。

夜里，我站在阳台上，无意中看到了林方文的蓝色小轿车在下面驶过。他来干什么呢？以为他来找我，他的车子却并没有停下来。隔了一会儿，他又回来了，依然没有停车。漫长的晚上，他的车子在楼下盘桓，最后，失去了踪影。他到底想干什么？

许多个晚上，他都是这样，车子缓缓地驶过，离开，又回来。

渐渐地，当我一个人在家里的时候，我会走出去看看他是不是又来了。他这个可恶的人，他成功了。

我穿上鞋子冲到楼下去。当他的车子再一次驶来，他看见了我。他停了车，从车上走下来，面上带着微笑。

“你在这里干什么？”我说。

他没有回答。

“你这是什么意思？”

他尴尬地说：“我只是偶然经过这里。”

“每晚在这里经过，真的是偶然吗？”我吼问他。

终于，他说：“我们可以重新开始吗？”

“你知道你像什么吗？你像一只做了错事的小狗，蹲在我面前摇尾乞怜，想我再抱你。你一向都是这样的。”

“你可以回来吗？”他说。

“你以为我还爱你吗？”我的声音在颤抖。

他沉默着。

“林方文，你最爱的只有你自己。”我哽咽着说。

他惨然地笑笑。

“我希望我还是以前的我，相信人是会改变的。可惜，我已经不是以前的我。林方文，如果你爱我，请你给我一个机会重生。”我流着泪说。

他内疚地说：“你不要这样。”

我哭着说：“有些人分手之后可以做朋友，我不知道他们是怎样做到的。但是，我做不到，我不想再见到你。”

“我知道了。”他凄然说。

我在身上找不到抹眼泪的纸手巾，他把他的手绢给了我，说："保重了。"

他颓唐地上了车，车子缓缓地开走了。离别的方向，开出了漫天忏悔的花。他不是来找我的，他是来凭吊的，就好像我当天在葛米儿的房子外面凭吊一段消逝了的爱。我们何其相似？只是，我已经明白了，花开花落，总有时序。

"只有双手才能够做出爱的味道。"余平志的妈妈说。

我在她的厨房里，跟她学做巧克力曲奇。这位活泼友善、酷爱烹饪的主妇告诉我，用电动搅拌机虽然方便很多；然而，想要做出最松脆的曲奇，还得靠自己一双灵巧的手，把牛油搅拌成白色。要把糖粉和牛油搅成白色，那的确很累。我一面搅一面望着盘子里的牛油，它什么时候才肯变成白色呢？

"要我帮忙吗？"余妈妈问。

"不用了，让我自己来就可以。"我说。

"是做给男朋友吃的吗？"

"嗯！他八岁那年吃过一生难忘的巧克力曲奇，我不知道可不可以做出那种味道。"

"回忆里的味道，是很难在以后的日子里重遇的。"

"是的，我也担心——"

她一边把鸡蛋打进我的盘子里一边说："但是，你可以创造另一段回忆。"

"我怎么没想到呢？我真笨！"我惭愧地说。

她笑着说："不是我比你聪明，而是我年纪比你大，有比你更多的回忆。"

"伯母，你为什么喜欢烹饪？"

“因为想为心爱的人下厨。”她回答说。

“这是最好的理由呀！”我说。

“人生大部分的故事，都是由餐桌开始的。”她说，“每个人的回忆里，至少也有一段回忆是关于食物的。”

我微笑着说：“是的。”

“烹饪也像人生，起初总是追求灿烂，后来才发现最好的味道是淡泊之中的美味。”

“这是很难做得到的呀！”我说。

“因为在你这个年纪，还是喜欢追求灿烂的。”

我们把做好的巧克力面糊挤在烘盘上，放进烤箱里。

余妈妈说：“余平志的爸爸也很喜欢吃东西，他是美食家！我们每年也会到外地旅行，去一些从来未去过的餐厅吃饭。你见过餐桌旁边有回转木马的餐厅没有？”

我惊讶地问：“在哪里？”

“在法国的布列塔尼，我们十年前去过。餐厅的名字叫‘布列塔尼’。餐厅的整座围墙，给绿色的葡萄叶覆盖着。十九世纪时，那里原本是邮局。餐厅的东主是一对很可爱的夫妇。餐厅里，挂满了男主人画的抽象画，木马从天花板悬吊下来。你能想象这家像童话世界一样，洋溢着欢笑的餐厅吗？”她说得手舞足蹈。

我的心里，有无限神往。

“那天是我们的结婚纪念日，那是一顿毕生难以忘怀的晚餐。可惜，我们的照相机坏了，没有拍下照片。”她脸上带着遗憾。

我倒是相信，正因为没有拍下照片，没法在以后的日子里从照片中去回味，那个回忆反而更悠长。大部分的离别和重逢，我们也没有用照相机拍下来；然而，在余生里，却鲜明如昨。

朱迪之、沈光蕙和余平志走了进来，问："曲奇饼做好了没有？"

余妈妈把曲奇饼从烤箱里拿了出来，吃了一口，说："搅牛油的工夫不够，还要回去多练习一下呢！"

"是爱心不够吧？"朱迪之说。

"哪里是呀！"我说。

"伯母，我也要学。"她嚷着说。

我在她耳边问："是做给陈祺正吃的呢？还是做给孟传因吃？"

"两个都吃！"她推了我一下。

"还是两个都爱吗？"

回家的路上，我问朱迪之。

"嗯。"她重重地点头。

"真的不明白你是怎样做到的。"

"我是'背叛之友会'的嘛！背叛是我的特长。"她说。

我笑了："被背叛是我的特长。"

"真的爱韩星宇吗？"她问。

这一次，轮到我重重地点头。

"林方文真可怜啊！"她说。

"为什么竟然会同情他呢！"

"是你说的，我和他是同志。我了解他。"

"我也了解他，他最爱的是自己。"

"我也是。或者，当我没有那么爱自己的时候，我才会愿意只爱一个人。"

"爱两个人，不累的吗？"

“啊！太累了！每个月，我也会担心，万一有了孩子，那到底是谁的孩子呢？那个时候，我会很看不起自己。”

“所以，男人可以同时爱很多女人，他们没有这种顾虑。”我说。

“你相信爱情吗？”她问。

“为什么不相信呢？”

“我愈来愈不相信了。”

“不相信，也可以爱两个人？”

“就是爱着两个人，才会不相信。我那么爱一个人，也可以背叛他，爱情还有什么信誉？”

“是你的爱情特别没有信誉啊！”

“也许是吧！每次爱上一个人，我都会想，当那段最甜蜜的日子过去之后，又会变成怎样呢？我们还不是会遗忘？遗忘了自己曾经多么爱一个人。”

“直至你们老得再没法背叛别人，你们才不会背叛。”

“或者，我们是在寻找最爱。”

“你们已经找到了，那就是你们自己。”

“难道你不爱自己吗？”

“我没那么爱自己。”我说。

“希望别人永远爱你，对你忠心不二，难道不是因为你爱自己吗？”

一瞬之间，我没法回答。直到我们在闹市中分手，我看着她湮没在人群里，我仍然没法说出一句话。对爱和忠诚的渴求，原来是因为我太爱自己吗？我总是责怪林方文太爱自己；然而，在他心里，我何尝不是一样？我用爱去束缚他，甚至希望他比现在年老，那么，他便永远属于我。我终于知道林方文为什么背叛我了，他没法承受这种爱。我们都太爱自己了，两个太爱自己的人，是没法长相厮守的。当我们顿悟了自己的自私，在以后的日子里，也只能够爱另一个人爱得好一点。

崇光百货地下的那家面包店已经差不多打烊了，我拿了最后的两个 Cannelé 去付钱。

“可以告诉我，这种蛋糕是怎么做的吗？”我问柜台负责收钱的老先生。

这个会说中国话的日本人说：“你要问面包师，只有他会做。”

那位年轻的日本籍面包师已经换了衣服，腋下夹着一份报纸，正要离开。

“可以告诉我，Cannelé 是怎么做的吗？”我问他。

“秘方是不能外泄的。”他说。

我拿出一张名片给他，说：“我是记者，想介绍你们这个甜点。”

“这是公司的规定，绝对不能说。”他冷傲得像日本剑客，死也不肯把自己怀中的秘籍交出来。

“经过报纸介绍，会更受欢迎的。”我努力说服他。

“不可以。”他说罢走上了电楼梯。

我沿着电楼梯追上去，用激将法对付他。

“是不是这个甜点很容易做，你怕别人做得比你好？”

他不为所动，回过头来跟我说：“小姐，这里只有我会做这个甜点，你说什么也没用。”

他离开百货公司，走进了一家唱片店，我跟在他后头。

“请你告诉我好吗？”我说。

“小姐，请你不要再跟着我。香港的女孩子，都是这样的吗？”

“不，只有我特别厚脸皮。老实告诉你，我想做给我喜欢的人吃，我答应你，绝对不会写出来，可以吗？”

他望了望我，继续看唱片。

本来是想做巧克力曲奇给韩星宇吃的，余平志的妈妈说得对，创造另一段回忆，也许更美好一些。我没有看过韩星宇童年所看的天空，也没吃过他童年时吃的曲奇，我何以那么贪婪，想用自己做的曲奇来取代他的回忆呢？朱迪之说得对，我也是很爱自己的。

我看见那位面包师拣了一张葛米儿的唱片。

“你喜欢听她的歌吗？”我问。

他笑得很灿烂：“我太喜欢了！”

我一时情急，告诉他：

“我认识她。我可以拿到她的签名，只要你告诉我Cannelé的做法。”

他望了望我，终于问：“真的？”

葛米儿在电话那一头听到我的声音时，有点惊讶，她也许没想过会是我吧？

“不知道你可不可以帮我一个忙呢？”我说。

她爽快地答应了。我们在咖啡室里见面，她带来了一张有她签名的海报。

“那个人是你的朋友吗？”她问。

“他是一位面包师，是你的歌迷。我有求于他，所以要用你的签名去交换。”

“这样帮到你吗？”

“已经可以了。”我说。

她脱下外套，外套里面，是一件深蓝色的、长袖的棉衣，上面印有香港大学的校徽，领口有个破洞。这件棉衣，不是似曾相识吗？看见我盯着她身上的棉衣，葛米儿说：“这件旧棉衣是我从林方文那里偷偷拿走的。穿着他穿过的衣服，那么，虽然分开了，却好像仍然跟他一起，是不是很傻？”

斐济人都是这样的吗？威威跟葛米儿分手的时候，吃了莫扎特，让它长留在他身上。幸好，葛米儿比威威文明一点，她没有吃掉林方文。

“你们还有见面吗？”我问。

“我们仍然是工作的伙伴，也是好朋友。”然后，她问我，“你会回去吗？”

“不会了，我已经有了我爱的人。”我说。

“我不了解他。”她凄然说。

“男人不是用来被了解的。”

“是用来爱的？”她天真地问。

“是用来了解我们自己的。”我说。

我终于用葛米儿的海报换到了Cannelé的秘密。它的外皮，因为颜色像老虎身上的斑纹，所以又叫作虎皮。这层外皮是要用鸡蛋、牛油、面粉和砂糖做的。至于里面的馅料，是用乳蛋糕粉做的。乳蛋糕粉与玉桂、白兰地和牛奶的分量，也得靠经验去调配。

对于从来没有做过蛋糕的人，那是一个很复杂的程序。想要做两三次便成功，更是天方夜谭。

当我重复在家里做那个蛋糕的时候，我一次又一次地问自己，我找葛米儿，到底是因为我想得到做那个蛋糕的方法，还是我想从她口中知道一点点林方文的消息？

葛米儿回去之后，会告诉林方文，我已经有所爱的人了。我就是想她这样做吗？我们因为她而分开，到头来，她却成为了飞翔在我们之间的信鸽，传递着别后的音信。

夜里，我把那个风景水晶球从抽屉里拿出来，放到床边。我再不害怕看见它了。水波之中，心底深处，漂浮着的，是一段难以忘怀的回忆。

“好吃吗？”我问韩星宇。

他吃着我亲手做的Cannelé。

“是在崇光买的吗？”

“是我做的。”

“不可能。”他一副不相信的样子。

“真的！我尝试了很多遍才做到的。”我把他拉到厨房去，让他看看剩下来的材料。

我没骗他，我已经不知道想过放弃多少次了，因为是为了自己所爱的人而做，才能够坚持下去。

“怪不得味道有一点不同。”他说。

“哪一个比较好吃？”

“如果说你做的比较好吃，你会不相信。可是，如果说面包店做的比较好吃，你又会不高兴。这是智力题啊！”

“那么，答案呢？”

“我会说你做的比较好吃。”

“为什么？”

“这样有鼓励作用，下一次，你会进步。终于有一天，你会做得比面包店里的好。”

“呵！其实你已经有答案了！”

他抱着我，说：“我喜欢吃。”

“对你来说，会不会是继巧克力曲奇之后，最难忘的美食回忆？”

“比巧克力曲奇更难忘。”

“不是说回忆里的味道是无法重寻的吗？”

“可是，也没有第二个你。”他说。

我想起他和傅清流下的那一盘围棋，在我还不知道发生什么事的时候，胜负已经定了。我们的爱情也是这样吗？不知道什么时候开始，已经成为了相依的人，已经没法找到另一个了。回忆是不可以代替的，人也不可以代替。然而，旧的思念会被新的爱情永远代替。

“你去过法国的布列塔尼吗？”我问。

“没有，但是，我有一个美国同学娶了一位法国女士，他们就住在布列塔尼，听说那是个美丽的城市。”

“你见过有回转木马的餐厅吗？”

“没见过。”

“布列塔尼有一家有回转木马的餐厅。听说，木马就在餐桌的旁边。”

他兴奋地问：“真的？”

“圣诞节的时候，我们可以到那里去吗？”

“好的，我安排一下。”

“你真的可以走开？”

“为什么不可以呢？圣诞节，大家都放假。我们还可以在布列塔尼过除夕。”

我就是想在那里过除夕吗？对于除夕之歌的思念，也将由布列塔尼的回转木马取代。

沈光蕙哭得肝肠寸断。我没想过她会哭，她不是很想老文康死掉的吗？如果还要为他的死许愿的话，她巴不得他是掉在一个粪池里溺死的。然而，当她从校友通讯里看到老文康病死的消息，她却哭了。

她缩在床上，用床单卷着自己，我和朱迪之坐在旁边，不知道该说些什么好。是安慰她呢？还是恭喜她如愿以偿呢？

“你不是很想他死的吗？”朱迪之问。

“是的，我想他死！”沈光蕙一边擤鼻涕一边说。

“那为什么哭？”我说。

她抹干眼泪，说：“不知道为什么，我竟然觉得伤心，我竟然挂念他。”

“他是个坏蛋，不值得你为他哭。”我说。

“我知道。这些年来，我一直恨他。可是，当他死了，我却又怀疑，他是不是也曾经爱过我的。”

“当然没有！”朱迪之残忍地说。

我说不出那样的话。我们以为自己恨一个人，到头来，却发现自己是爱过对方的。那是多么悲凉的事情？我终于明白了沈光蕙为什么从来好像只爱自己而不会爱别人。在她年少青涩的岁月里，那段畸恋把她彻底地毁了，她没办法再相信任何人。她爱着那个卑微和受伤的自己，也恨那样的自己。她努力否认自己爱过那个无耻的男人；然而，当他不在了，她才知道自己也曾经深深地爱过这个人。爱情有多么的善良和高尚，却不一定聪明。恨里面，有没法解释的、幽暗的爱。

我恨林方文吗？我已经没那么恨了。是否我也没那么爱他了？

午后的阳光，温煦了西贡的每一株绿树，我坐在采访车上，司机把车子停在路边，等我的同事。马路的对面，停了一辆蓝色的小轿车，就在潜水用品店的外面。那不是林方文的车子吗？

他从潜水店里走出来，头上戴着鸭舌帽，肩膀上扛着一袋沉重的东西。他把那袋东西放到车上，又从车厢里拿出一瓶水，挨在车子旁边喝水。

他看不见我，也不知道我在看他。以为他会在家里哀伤流泪吗？以为他会为我自暴自弃吗？他还不是寻常地生活？不久的将来，他也许会爱上另一个女人。新的回忆，会盖过旧的思念。

我躲在车上，久久地望着他，努力从他身上搜索关于我的痕迹，突然，我发现是那顶鸭舌帽。我们相识的那年，他不是常常戴着一顶鸭舌帽吗？一切的一切，又回到那些日子，好像我们从来没有相识过。他抬头望着天空，还是在想哪里的天空最蓝吗？

我很想走过去跟他说些什么，我却怯场了。

我们相隔着树和车，相隔着一条马路和一片长空，却好像隔着永不相见的距离。

最后，林方文坐到驾驶座上，我的同事也上车了。

“对不起，要你等。”我的女同事说。

“没关系。”我说。

“已经是深秋了，天气还是这么热。”她说。

我的脸贴着窗，隔着永不相见的距离，穿过了那辆蓝色小轿车的窗子，重叠在他的脸上，片刻已是永恒。他发动引擎，把车子驶离了潜水店，我们的车子也向前走，走上了和他相反的路。所有的重逢，都是这么遥远的吗？

“要出发了。”韩星宇催促我。

我们在布列塔尼的酒店房间里，他的外国朋友正开车前来，接我们去“布列塔尼”餐厅庆祝除夕。他们并且订到了木马旁边的餐桌。

“我在大堂等你。”韩星宇先出去了。

我站在镜子前面，扣完了最后一颗纽扣。我的新生活要开始了。

房间里的电话响起来，韩星宇又来催我吗？我拿起电话筒，是朱迪之的声音。

“是程韵吗？”

“迪之，新年快乐！”我说。香港的时间，走得比法国快，他们应该已经庆祝过除夕了。

“林方文出了事。”沉重的语调。

“出了什么事？”我的心，忽然荒凉起来。

“他在斐济潜水的时候失踪了，救援人员正在搜索，已经搜索了六个小时，葛米儿要我告诉你。”她说着说着哭了，似乎林方文是凶多吉少的。

怎么可能呢？我在不久之前还见过他？

“他们已经作了最坏的打算。”她在电话那一头抽泣。

“为什么要告诉我呢？我和他已经没有任何的关系了。我现在要出去吃饭，要庆祝除夕呢！”我用颤抖着的手把电话挂断。我望着那部电话，它是根本没有响过的吧？我关掉了房间里的吊灯，逃离了那个黑暗的世界。韩星宇在大堂等着我。

“你今天很漂亮。”他说。

“我们是在做梦的星球吗？”我问。

“是的。”他回答说。

那太好了！一切都是梦。

我爬上那辆雪铁龙轿车，向着我的除夕之夜出发。

“你在发抖，你没事吧？”韩星宇握着我的手问。

“我没事。”我的脸贴着窗，却再也不能跟林方文的脸重叠。

韩星宇把自己的外套脱下来，披在我身上。

“布列塔尼又名叫‘海的国度’，三百多年前，这里是海盗出没的地方。”韩星宇的法国朋友苏珊说。

我想知道，在海上失踪六个小时，还能够活着浮上来吗？

“今晚会放烟花！”苏珊雀跃地告诉我们。

我和林方文不是曾经戏言，要是他化作飞灰，我要把他射到天空上去的吗？

出发来布列塔尼之前，我收到了林方文寄来的包裹，里面有一封信和一张唱片。

程韵：

曾经以为，所有的告别，都是美丽的。

我们相拥着痛哭，我们互相祝福，在人生以后的岁月里，永远彼此怀念，思忆常存。然而，现实的告别，却粗糙许多。

你说得对，也许，我真正爱的，只有我自己。我从来不懂得爱你和珍惜你，我也没有资格要求你回来。

答应过你，每年除夕，都会送你除夕之歌。你说你永远不想再见到我；那么，我只好在你以后的人生里缺席。这是提早送给你的除夕之歌，也是最后一首了。愿我爱的人活在幸福里。

林方文

我和韩星宇来到了“布列塔尼”餐厅，那是个梦境一般的世界。那首除夕之歌，却为什么好像是一首预先写下的挽歌？

离别和重逢，早不是我们难舍的话题；褥子上，繁花已开
开到荼蘼，到底来生还有我们的花季；今夜，星垂床畔
你就伴我漂过这最后一段水程
了却尘缘牵系

我要的是除夕之歌，什么时候，他擅自把歌改成了遗言？我不要这样的歌，我要从前的每一个除夕。上一次的告别太粗糙了，我们还要来一次圆满的告别，他不能就这样离开。

餐桌旁，灯影摇曳，木马从高高的天花板上垂吊下来，那木马却是不能回转的木马。有没有永不终场的戏？有没有永不消逝的生命？

愿我爱的人随水漂流到我的身畔，依然鲜活如昨。

图书在版编目（CIP）数据

面包树上的女人／张小娴著.—北京：北京十月文艺出版社，2008.5

（张小娴小说精选集）

ISBN 978-7-5302-0927-1

Ⅰ.面…　Ⅱ.张…　Ⅲ.长篇小说—中国—当代
Ⅳ.I247.5

中国版本图书馆CIP数据核字（2008）第038671号

著作权合同登记号　图字：01-2008-2015

面包树上的女人

MIANBAO SHU SHANG DE NÜREN

张小娴 著

*

北京出版社出版集团
北京十月文艺出版社　出版

（北京北三环中路6号）

邮政编码：100120

网　址：www.bph.com.cn

新经典文化有限公司发行

新华书店经销

北京谊兴印刷有限公司印刷

*

890×1280　32开本　10.25印张　230千字

2008年7月第1版　2010年7月第10次印刷

ISBN 978-7-5302-0927-1/I·894

定价:25.00元

质量投诉电话：010-58572393